天下文化
BELIEVE IN READING

心理勵志 BBP342A

心靈療癒自助手冊

心理學家教你看穿情緒，找回幸福人生

YOUR MIND
AN OWNER'S MANUAL FOR A BETTER LIFE

克里斯多夫・柯特曼Dr. Christopher Cortman、
哈洛・辛尼斯基Dr. Harold Shinitzky —— 著
黃孝如 —— 譯

目次 CONTENTS

YOUR MIND
AN OWNER'S MANUAL
FOR A BETTER LIFE

推薦文

健康樂活的人生，從瞭解自己、破除心理障礙開始

林惠蓉　臨床心理師／台北市臨床心理師公會理事長／
台北市立聯合醫院松德院區臨床心理科主任／
輔仁大學醫學院臨床心理系兼任講師

從許多社會現象的觀察不難發現，我們身處在一個情緒氾濫、充斥各種不安與不理性行為的社會環境；也由於少子化與高齡化，我們身處在一個不生不滅的世代。

高齡者由於老化的因素，情緒控制能力弱化，在邁向「老人國」的台灣社會中，這類族群情緒失控而自傷傷人的事件屢見不鮮，足見社會需要提高對高齡者心理健康的關切。

而青少年由於身處混亂與矛盾衝突期，自殘發生率連年提高，現階段加強青少年心理健康與情緒教育、自我情緒的區辨與認識、覺察個人情緒健康與否的課題，更是迫切與重要。

至於成人青壯年的世界，也因為社會環境的不安，每個人都為工作生活所苦，沒有餘

力留意周遭或照顧他人，也不容易受到足夠的協助與保護，學習照顧好自己的身心，亦顯得至關重要。

正如「世界心理健康聯盟」（World Federation for Mental Health, WFMH）所推廣，並廣為國際接受的健康概念所言：「擁有心理健康，才有完整的健康。」（No health without mental health. — Martin Prince, 2007）而心理健康與否，取決於是否能夠正確覺知與適當表達情感，以及處理壓力（G. Corey）。

促進個人的心理健康，也是政府衛生福利部心理衛生工作的推廣重點。除了政府部門有辦理心理衛生講座，讓民眾認識情緒並學習使用「心情溫度計」，利用量表自我評量身心壓力的調適狀況，台北市臨床心理師公會也定期舉辦「三五成群」心理健康行為公益講座，探討如何在充滿挑戰的現代社會維持個人的心理健康。

除了專業人士的協助，若你想要提升心理健康認知與情緒處理知能，在教導個人應變（自助）的方式上，我建議可以使用本書做為強化心理能力的自助手冊，利用簡單的工具自我評估以及練習。

這本書將最重要、最有用的心理學觀念精華，整理成十個關鍵的心理治療原則（本書逐章介紹的十個「真相」）來告訴我們：如果能深入瞭解個人心理運作的模式，就能成功解決自己的內在問題，找到更多的幸福與人生意義。

這十個「真相」可以說是心理療癒的十個處方，輔以每章最後的練習題，能夠藉此鍛鍊內在力量，用認知ABC理論（Activating events，誘發事件；Beliefs，信念，即一個人對某一事件的看法、解釋和評價；Consequence，結果），讓「腦力」更有彈性，改變想法進而改變情緒、控制行為，將認知行為療法順利運用在生活中。

許多陷入困境的個人，常以錯誤的方式來處理情緒，例如自我防衛、暴飲暴食、借助藥物、菸酒、瘋狂購物、尋求刺激及破壞性行為、逃避等，這時應該如何運用自我的心理力量，來避開麻煩或掌握改變契機呢？

以書中介紹的其中一個真相為例，我們是情緒的主人，還是情緒的奴隸？情緒又如何辨識、紓解？這也是許多求診者最常見的難題。本書首先帶我們了解，情緒（emotion）是個體受到某種刺激所產生的一種身心激動狀態，隨後引起的生理變化及行為反應，卻不為自己所控制，導致個人生活、人際關係、工作、身心健康因此大受影響。其實情緒並不神祕，只要我們試著瞭解自身的感受，像是對於憤怒的情緒，就要找出發火的源頭和誘因，並破除心理障礙，就可以有效駕馭情緒與強迫性行為。把情感強度當作測量人生大事的溫度計，就能幫助我們做出人生重大決策。

這是一本鍛鍊心理能力的自助手冊、有效改變想法及行為的簡易工具書，值得你閱讀並親身實踐。

推薦文

幸福，從瞭解你的心理運作開始

張宏秀　資深心理治療師／家族治療博士／
美國婚姻家族治療師學會督導

親愛的讀者，你的幸福指數有多高？你有足夠的幸福感嗎？對你而言、幸福是什麼？你敢去追求屬於你的幸福嗎？

對兩位作者而言，追求幸福的必要條件是先去瞭解自己，瞭解自己的思想、感受與行為是如何運作與互動，因此你有能力處理自己的困擾，增加幸福感。這也意味著你會更健康、心情更好、人際關係更和諧，也會更喜歡自己，帶動工作、家庭、生活上的成就感。

當我與作者討論本書時，他希望我能轉達給台灣讀者們：心理學的知識不只幫助專業人士進行心理治療諮商，一般人更可以妥善運用，幫助自己減少不必要的麻煩。本書的十大心理運作原則都是學校裡沒教，生活上卻不可或缺的重要心理知識，也是維護身心健康及生活幸福的基礎，但大眾常對它們缺乏認識及覺察。當然，本書不能取代真正的心理諮詢，但如果你想要瞭解並療癒生活常見的心理困擾、情緒問題及身心症，書中的內容會是極佳的自助工具。

在我看來，兩位作者綜合八萬小時的實務經驗，整理出人類的十種普遍煩惱，並為這些煩惱提供解析及解脫之道，是心靈療癒以及個人成長可以依循前進的方向。

其實，我們試圖以改變別人或環境，來減輕煩惱或尋求幸福的做法，無非緣木求魚。人的安全與自由應該來自瞭解及掌控內心狀態，而非掌控外在的關係或環境。

本書提供讀者十個可以自己掌控的心理區塊，並附有實例及作業，清晰易懂。只要你願意花點時間，在讀畢每章之後，與自己親身經驗做連結，你就會更瞭解自己，知道如何調整療癒。

當我讀過本書，再根據我二十年來與個案接觸的經驗，我想請你回想一下，你是否常感覺：

1. 心情不穩，容易生病，又不容易好。
2. 不該做，卻偏偏去做；該做，卻又不去做。
3. 拿自己的老毛病一點辦法也沒有。
4. 等待已久的幸福來敲門，你卻不敢開門。

5. 別人的言語或情緒常讓你受傷，你也只能忍耐。
6. 憤怒、緊張、沮喪與壓力讓你常覺得好累，提不起勁。
7. 為什麼別人常不尊重你，讓你覺得好委屈。
8. 你善體人意，但別人總是無法解讀你的需要。
9. 對方似乎讓你在盼望、等待與失望的關係中翻滾。
10. 你等待時間療癒情緒傷痛，卻覺得愈活愈辛苦。

如果你的生活中沒有以上任何一種狀況，那真是難能可貴。如果你正如大多數的人，有一個以上的選項，針對符合你的項目，你可以將選項號碼對應書中的十大觀念，並從與你最有關係的一章開始，重新瞭解自己的心理真相，在作者提供的解決之道中，找出最適合自己的方式，親身實踐。相信小小調整帶給你的成功，會讓你愈來愈幸福！

推薦文

邁向心靈健康之道

蘇絢慧　諮商心理師／心靈療癒書籍作家

許多與我進行諮商的當事人，或是聽我演講的民眾，常會提出一個問題：「我該如何認識自己？」

認識自己有許多方式，透過探索、覺察、環境回饋、進行心理測驗、透過閱讀自我反思檢視，都是自我認識的途徑。

書市中，幫助人學習自我認識的書籍並不算少，但是有些書過於乏味無趣，有些書艱澀難懂，有些書缺乏心理學基礎，有些書只偏向單一面向。

而我現在推薦的書《心靈療癒自助手冊》，是我認為最為豐厚的一本認識自己的書。作者是兩位美國的心理學家，在他們合著的這本書，可以想見他們將畢生所學與可運用的心靈療癒方法都完整詳載在這本書中。能夠好好閱讀完此書，便可以確定讀者的自我心靈做了一回很好的檢視，也充實的認識了自己。雖然這本書不能取代心靈功能失去者的治療與復健歷程，但若我們的心靈功能尚維持在可以閱讀、理解、組織、歸納、覺知、鬆動、重構、改變，那麼這本書可以陪伴我們獲取人類心理的學理，同時徹底的對自己做一次心理健康檢查。

人一定要療癒自己嗎？為什麼要費時費力的瞭解心靈？

曾經有些人對於療癒自己非常反感，在一些場合中大聲質疑的說：「說出來會比較好嗎？談一談就會有療癒效果嗎？」

而我認為，療癒，不是一種目標，或是一種保證不會再遇到生命的挑戰或失落的護身符。療癒，是為了讓自己的心靈曾經經歷過的創傷與痛苦傷痕，可以有一個機會好好被照顧、被關愛，並且試著恢復健康的歷程。因為唯有健康的心靈，我們和自己的關係，以及和他人的關係、世界的關係，才能平衡在良性互動中，創造生命的更高品質，與更好的生命自我實現。否則，只是一種負向的循環，折磨自己，也挫敗他人，更破壞世界，很不健康。

而要邁向心靈健康的基礎，就是對自己要能有完整的認識，而不是以過去有限的環境灌輸，以那些不假思索就內化的偏頗、僵化，且單一的觀點與評價看待自己。心理學雖然在科學的各種範疇領域來說，發展不算長，但卻是現代人適應複雜與快速變化世界非常重要的基本能力之一，若缺乏有系統的學習，缺乏培養足夠因應人生各個生命階段任務的心理素質，那麼，當壓力來臨，適應阻礙與危機超過個體可以負荷的承受力，那時，便需要經過一段更為辛苦的歷程，付出更大代價才得以重拾健康。

由衷向您推薦這本《心靈療癒自助手冊》。如果您的家中有各類身體保健、飲食養生、運動健身等等自我保健的書籍，請不要忽略為自己預備這一本關照與檢視您心靈健康的書籍。身與心不分家，都是您的一部分，關愛心靈健康，其實也是為自己維護了身體的健康，一致的學習好好善待自己，善待生命。

自序

你對自己的心靈瞭解多少？

大多數人對於愛車的瞭解、對3C產品的認識，甚至對生理部位的知識，譬如膝蓋為什麼長期痠痛、運動對心跳速度的影響等等，往往都比對心理方面的理解深得多。

長久以來，人們一直仰賴心理治療師告知自己的心理狀態，這種情形大多時候並不會造成任何問題。我們兩人身為臨床心理學家，受過嚴格的相關訓練，對於治療各種複雜的病況，已有超過四十年的實務經驗。然而，從大眾傳播的角度來看，我們更重要的貢獻在於媒體界，也就是透過媒體，為一般大眾詮釋各種心理議題。本書的部分內容就是這樣產生的。我們深信，人們當然能以自助的方式解決自己的心理問題，很多患者就是靠本書所提供的知識，迅速改善了自己的毛病。

所以，即使沒有到醫院求診，讀者也可以利用本書的方法試著解決人生大小難題。如果能深入瞭解個人心理運作的模式，也就是何以會在特定時刻感到莫名哀傷，或為何總是搞砸與另一半的親密關係等等，你就能成功解決自己的內在問題，達到以下境界：

- 治癒過去的創傷。
- 學會如何建立並維持更美好的人際關係。
- 更有效地處理工作上的難題。
- 控制或戒除自己的上癮行為。
- 在人生中找到更多的幸福與意義。

我們研究若干關鍵的心理治療方法，並羅列相關重點與個人觀點，再與其他專家交換心得後，傳授給讀者運用。當然，患者所遭遇的各種困境，也是心得的來源之一。

最後，我們整理出十個關鍵的心理治療原則，亦即本書逐章介紹的十個「真相」。讀者深入瞭解後，不難發現這些確實就是心理實際運作的狀況。預防勝於治療，只要你能充分瞭解本書所說的十種真相，就能避免犯下很多錯誤。

瞭解十大關鍵真相，妥善運用

進一步說明之前，希望讀者明白，這十個真相並不是絕對的。其他心理學家可能會提出不同的觀點，也許是二十個而不是十個，或陳述方法略有不同。

此外，這十個觀點也並非今日首創；很多專業人士都知道，只不過從來沒有精簡成十大原則。儘管如此，我們認為這的確是相當有療效的代表性治療法，也是現今最重要最有用的心理學觀念精華之一：

真相1：情緒並不神祕，辨識它、瞭解它，是心靈健康的第一步。
真相2：改變想法並瞭解自身感受，就能擺脫強迫行為。
真相3：每種行為背後都有某種意義，只是我們意想不到。
真相4：除非能破除心理障礙，否則只會傷害自己。
真相5：行為需要認可，所以我們的行為是經過自己認可的。
真相6：用心經營有限的情緒能量，不浪費在期望、憂慮和抱怨上。
真相7：想維持人際關係，端賴增進自我力量而非強化他人惡行。
真相8：設下自我界線，就能防禦他人的排斥、侮辱與恐嚇。
真相9：放手讓別人做他自己，而不必成為你所期望的模樣。
真相10：時間不能治癒所有創傷，必須自己學會放下。

上述十個真相中，有些觀念乍看之下似乎違反人的直覺，譬如你可能不認為自己有自毀性行為。其他的觀念也許的確是值得追求的目標，但你可能不確定該怎麼做到，譬如，究竟該如何設下自我界線？不過諸位大可放心，本書保證這些方法一定有效，也一定能教會你如何在日常生活中運用。

現在，只要把這十種方法想成某種簡易的心理療法即可。坊間的自我療法通常太過複雜、太浪費時間，或太過簡化，而本書提出的十個關鍵觀念不僅迅速又易解，可幫助讀者治療心病、解決難題，並找到幸福，堪稱絕佳的人生指南。

以第一章所介紹的真相為例，大家往往對自己憤怒時所說的氣話感到後悔。無論是對配偶咆哮，或對老闆大發雷霆，都不會有好結果。可這些人卻真的認為怒火來得又快又急，對自己的脾氣束手無策，所以他們常說，「我大概就是這種人吧。」有些人則誤以為從心理學的角度來說，人的感受是很難改變的。他們偶而能控制，但情緒總是占上風。他們不知道的是，如果能深究一下自己的怒氣，找出發火的源頭和誘因，駕馭自己的情緒指日可待。

在本書第一章裡，你就能發現該如何做到。接著每一章都會循序介紹一項真相，最後第十一章，則將介紹如何運用這十個真相的三種獨特妙方。前十章的開頭都會仔細解釋，並舉例說明，最後附上一些題目供讀者自我練習。

當然，這十種方法不是仙丹妙藥，也不能全然代替臨床的心理治療，如果你的心理毛病已經根深柢固，持續惡化，建議你立刻尋求專業人士協助。如果你就像我們很多患者一樣，希望能參與自我學習及成長的過程，不想在治療期間只當個被動的角色，本書所提出的十個關鍵療法，定能助你獲得豐碩的成果。

先問自己幾個重要問題

從現在開始，希望你能把十個觀念內化成自己的思考模式，想想看如何運用在生活之中。重點不在於提高心理自覺，而是深刻理解到，愈瞭解自己的想法與感受的起源、固定模式，以及對行為的影響，就愈能有效掌控情緒。提高自我意識也能避免自己陷入不加思考的盲動，或沉浸於羞慚、憤怒、傷感的情緒之中。所以，讀者不妨花一點時間思考以下問題，每一項問題都對應於本書所提的十個真相：

1. 你是否曾經察覺自己有一些感受，但不確定從何而來？好像沒來由的襲上心頭，卻不僅影響你的情緒，甚至削弱你的精力、降低你的工作績效、妨礙你的人際關係？
2. 你有強迫性行為嗎？當這種行為出現時，通常你是處於何種想法與感受之中？
3. 你曾有過不理智或令人困惑的行為嗎？你曾說過什麼話或做過什麼事而引發負面後

果，就連自己也不敢相信竟會有那樣的言行嗎？

4. 你曾經傷害過自己很珍惜、甚至希望能更穩固的人際關係嗎？你曾經在工作場合有過一些不當舉止，結果惹來一頓斥責、甚至被老闆開除嗎？這些事情是否令你懷疑自己，在潛意識裡似乎希望有不利於己的壞事發生？

5. 你能察覺自己容許自己所做的某些不當行為嗎？你一向概括承受親友同事對你所做的看似合理的行為，但是否曾仔細思考，自己真的應該全盤接受嗎？

6. 你曾浪費多少時日在無謂的期望、憂慮與哀嘆之中？在這些日子裡，你是否幾乎筋疲力盡？這種耗損精力的情緒，是否妨礙你去做一些可能更積極的事情？

7. 你的情緒是否經常因某人的行為而受到嚴重影響？你是否經常因為某人的誇獎而高興，或因他的反對而難過不已？你是否覺得有時深受身邊親友的言行所左右而無計可施？

8. 你善於面對別人對你的批評嗎？無論別人對待你的態度如何，你都能保有自我、不為所動嗎？無論別人怎麼反對你或侮辱你，你都不至於難過得幾乎崩潰嗎？

9. 有時你會試圖改變他人，令他人依照你所認為對的方式去做嗎？當身邊親友的行為與你期望的方式背道而馳時，你會深感意外嗎？

10. 在你情感受創後，常是仰賴時間來平復嗎？一旦受困於創傷經驗而消極不前時，你能否成功放下這一切負面情緒？你覺得自己能走出傷痛、勇往直前嗎？

從某種角度來說，這些問題迫使你挑戰自己舊有的想法和感受，相當棘手，也令人焦慮，因為你因此不得不去思考長久以來寧願逃避、也不願面對的人生重大事件或議題；你甚至不得不否定過去的自己。這些都是很自然的現象，也是很必要的做法。如果你真的希望自己有所進步，這些難題都是必須去解決的。

本書能提供你解決問題所需的知識和方法，也就是十個真相所揭示的重要觀念；只要善加利用，解決人生重大問題不再難如登天。

盡量學習重要技巧

單只是閱讀書中的重要觀念，還不足以達到個人成長的目的；多加反省和自我分析，才是最關鍵的一步。此外，下定決心循序做完本書提供的練習題，以培養自我改進的新技巧，也相當重要。只要增進新見解，培養正面能力，將重要觀念熟記在心，你就能擁有更充實的人生，更有機會實現個人抱負。

然而最重要的是，本書希望讀者能對發掘內在抱持開放的心胸。前面提到，書中所提出的許多問題，很可能導致讀者自我否定，產生自我保護與抗拒的心態。例如，沒有人願意承認本身具有自毀性行為，或自己的快樂一直建立在別人身上。此外，自我質疑也可能令讀者對自己及心念的運作方式產生迷思與誤解。

然而，如果能克服內在的抗拒心，勇於面對自己的心理狀態，很快就會發現這種努力是非常值得的。本書揭櫫的十項真相可說是一幅瞭解自我的尋寶圖，幫助你發現為什麼跟老闆相處總是出問題，為什麼會如此依賴酒精來紓解壓力，為什麼你與伴侶或其他親友的關係總是不如預期。換句話說，你可以利用十個真相來突破盲點，面對人生困境，並擬出有效的解決方案；你也得以深刻瞭解長久以來是什麼負面因素在驅迫你、困擾你，妨礙你達成目標，以及有哪些正面力量能幫助你實現理想。此外，這十個真相還能幫助你認識自己，瞭解自己的心理狀態，以及如何成為心目中理想的自己。

目標雖然高遠，卻絕非遙不可及。在接下來的各章，我們將深入淺出的帶你接觸多種知識、故事、練習題等，定能助你有效運用，絕對是最有力的心靈療癒工具（書中所有人名及細節都經過修改，以維護隱私）。

台灣版序

在此應邀與讀者分享幾句話。非常感謝天下文化引介出版我們的著作，希望台灣的讀者們能因本書的翻譯，以及我們呈現的重要觀念而受益。

《心靈療癒自助手冊》的原文書名「*Your Mind: An Owner's Manual for a Better Life*」，是由我們合作的美國出版公司Career Press絞盡腦汁而誕生的心血結晶，而我們原本一開始設定的書名其實是「10件你早該學到的事」，這書名如實反映了現況，也就是即使心理學門已經在美國發展了約有百年之久，然而關於人類的情感、行為和認知等方面的心理學知識，不論是基於什麼原因，都沒有傳授給一般大眾，因此普遍欠缺對個人心理的認識與覺察。

基於這一點，我們便想到要把心理學裡最重要的一些事實真相整理出來，並用比較平易詼諧且容易理解吸收的方式書寫，幫助一般大眾解決生活中常見的難題。我們發現生活中充滿了各種迷思，例如：這就是你的感受，你無法改變、時間可以治癒所有創傷等等，為此，我們認為有必要打破這些迷思，並傳遞給社會大眾一些超越地域、民族、國籍，且放諸四海皆準的關鍵原則。我們希望這本書可以激勵世界各地的人學習這些心理知識，以幫助自己追求更幸福的生活，並為了共創更美好的世界而努力。

衷心感謝你閱讀這本書。

克里斯多夫・柯特曼
哈洛・辛尼斯基

Chapter 1

情緒並不神祕，辨識它、瞭解它，是心靈健康的第一步

同樣一個世界，對某人來說是天堂，對另一個人來說卻是地獄。

——無名氏

幸福取決於一個人的內在自我，而非處處仰賴於外在條件。

——英國倫道夫．邱吉爾夫人（Lady Randolph Churchill）

想想看，如果你能瞭解自己的情緒如同瞭解自己的想法一樣，命運會有何改變？如果你能掌控自己的情感而不為情感所左右，人生會有多不同？

與其讓自己經常憂心忡忡，不如找出引發情緒的觸媒和源頭。與其對自己所愛的人或頂頭上司大發雷霆，不如趁情緒尚未爆發之前，預先採取行動，不讓場面失控。你其實大可避開不良情緒的傷害，成為一個完全正向思考的人。這有可能做到嗎？不僅可能，而且任何人只要稍加用心，一定可以達成目標。你根本不需經年累月騰出時間做心理治療，只要認識情緒的源頭、意義和心理機制，就能掌控情緒，邁向更幸福的人生。

以傑瑞的故事為例，他的脾氣暴躁，只要稍微受到一點刺激，就會暴跳如雷。壞脾氣不僅毀了他的婚姻，破壞了他與子女之間的親情，還讓他兩度被公司開除。年屆四十三歲的傑瑞對自己的毛病早已舉雙手投降，實在不明白自己為什麼如此暴躁易怒，一心希望找到辦法控制怒氣，只不過他心裡真正的想法卻是：**我大概就是這種人吧！**

其實傑瑞大可不必認命做這種人，只要願意思索一下怒氣從何而來，究竟因為什麼原因而被激發，他絕對有辦法控制，不讓怒氣繼續毀了一生。此外，控制怒火也能讓他不再重蹈覆轍。

撇開傑瑞的例子，想想汽車的情況。通常汽車製造商都會認為，駕駛人若能瞭解車子的構造和功能，對於駕駛經驗必有裨益，所以汽車公司都會提供詳細的汽車使用手冊。已有開車經驗的駕駛，通常就不會逐字閱讀汽車的使用手冊了；不過如果買的是不熟悉的新型廠牌，大家就會好奇地研究它的結構和功能。譬如第一次開裝有防鎖死煞車系統的車子時，駕駛就會學到不能在路滑時用力踩煞車，只需要輕輕踩就好。也就是說，人們並不需要像心理學家那般瞭解該如何控制情緒，而只要稍知怎樣控制就很夠用了。

精神科醫師史考特·派克（Scott Peck）在經典著作《心靈地圖》（*The Road Less Traveled*，天下文化出版）中曾提到：情緒是奴隸，而我們是情緒的主人。問題是人們的經驗往往相反，否則大家也用不著閱讀手上這本書了。事實上我們的確可以成為情緒的主人，只不過想瞭解情緒的運作模式，不見得非成為佛洛伊德不可，只要先瞭解以下情緒的五個基本特性：

- 一切情緒都與我們自身背景有關。
- 情緒多半是自身思想、心態及信念的產物。
- 我們對於投資大量心力的事物，會產生最大的情緒反應。
- 情緒反應讓我們瞭解自己對世界的看法。
- 所有的情緒都是以三種直覺反應流露出來。

接下來，我們將逐一討論這五項心理學的智慧。

一切情緒都與我們自身背景有關

每一種情緒的產生，都可以從人們處理現實事物的方式，追溯根源。心理治療師在治療有心理創傷及受虐的患者時，常會聽到遭受成人照顧者性侵的兒童受虐經驗。雖未身歷其境，但是聽到受虐者詳述被所信賴的成人強暴的種種手法時，也會經歷情緒及心理上的傷痛。我們會咬牙切齒、憤恨難消。聽到竟有人以成年人的優勢來虐待兒童，震怒之餘，這種怒氣更充分反映了我們對虐童的看法與價值觀。因此，無論我們是個普通人或心理專家，那種義憤填膺的怒氣可說都其來有自。

我有個高齡八十五歲的患者查爾斯，是個退休醫生。他溫文儒雅又深具同情心，嘴角經常露出迷人的笑容，常聽他敘述在美國鄉下行醫五十幾年來的許多事蹟。查爾斯醫生經常形容別人「很可愛」，不是說「他是個很可愛的傢伙」，就是說「她是個很可愛的女士」。試想他之所以覺得每個人都那麼可愛，其實是因為他自己非常有愛心。所以每個人談到查爾斯醫生，都稱讚他是個極熱情又有愛心的人。

再回頭想想你開車時的態度，也許非常小心謹慎，遵守每一種交通號誌，盡量讓路給其他車子以免發生交通意外。當然也可能完全相反，總是喜歡飆車，當街道像賽車場似的。也或許你開車時就像個老大哥，隔壁的車硬擠過來，或前面的車開得太慢，你就會心生惱怒。

當上述三種人遇到黃燈時，反應會如何？第一種人會很小心；第二種人會覺得很有挑戰性也很興奮；第三種人則會覺得挫折又火大。也就是說，黃燈反映出你的脾性。依此類推，你就能瞭解自己究竟是何種心態，才激發出了那種情緒。

情緒多半是自身思想、心態及信念的產物

有個流浪漢躺在人行道上，很快就睡著了，半邊身體露在硬紙箱外。他的手枕在法蘭絨衣袖上，口水流溼了袖口。他身邊先後有四個人經過。

第一個人瞄了睡在路邊的可憐人一眼，馬上把頭轉開。他心想，**我什麼都沒看見**，然後繼續做晨間散步，把這幅流浪漢的景象拋諸腦後。

第二個路人也瞄了流浪漢一眼，心裡立刻升起一個念頭：**感謝主對我的恩寵！如果我宴飲無度，也很可能像他一樣躺在這兒。我滿心感恩。**於是他馬上低下頭，默默為這名睡在紙箱裡的不幸流浪漢禱告。

第三名路人則對這個睡在路邊的人有截然不同的反應：**這就是懶惰。這種人只會躺在馬路上睡覺，無所事事，把國家經濟都拖垮了。我只能拚命工作賺錢養家，還要繳稅來養這種人！難道他一點自尊心都沒有嗎？**

第四名路人一看到躺在路邊的人，臉上立刻露出驚恐的表情。他心想，**噢，真是不幸！**接著走到遊民身邊查看是否還活著，擔心他是否已一蹶不振，不知自己能不能幫上一點忙。最後他終於決定不吵醒對方，只輕輕塞了二十美元在那人的襯衫口袋，祈禱他能平安熬過今天。從此以後，這個躺在路邊的流浪漢就永遠鐫刻在他的心版上，終生成為不幸之人的象徵。

其實每個路過的人都是把自己的思想、心態和信念投射在那個流浪漢身上。四名路人的個性迥然不同，每個人都在用自己的世界觀來詮釋所看到的景象。他們的觀點塑造了他們的現實世界，對我們來說也是一樣。感受、想法、心態和信念比我們所見到的事實更能激發情緒。因此，不要以為自己的情緒是某種情境、經歷或人所引起的。正如莎士比亞筆下所述，「事件本身並無對錯，只反映了人們自身的想法。」好幾千年前，所羅門王就曾在他的《箴言》（*Book of Proverbs*）一書中感嘆道，「人乃其所思。」一位希臘哲學家艾彼科蒂塔斯（Epictetus）也在書中寫道，「困擾人的並非事物本身，而是人對相關事物所秉奉的原則及想法。」

這令人想起《猶太人的智慧經典小品》（*The Big Little Book of Jewish Wit and Wisdom*，Black Dog & Leventhal於二〇〇〇年出版）裡的一則故事。莎蒂的丈夫賈克病重，已經連續好幾個月時而昏迷時而甦醒，信仰虔誠的莎蒂仍日夜不懈地堅守在丈夫的病榻前。有一晚賈克醒來，示意妻子靠近一點，然後說道，「我的莎蒂，你陪伴我走過了所有的苦難。我被炒魷魚時，你在我身邊支持我；我做生意失敗時，你也陪著我。我被人槍擊時，你守著我；我們失去房子時，你還安慰我。現在我身體不行了，你仍守在我的身旁。所以，莎蒂，你知道我怎麼想嗎？」莎蒂溫柔地問，「你怎麼想呢？」賈克說，「我覺得你根本就是個掃把星！」賈克的認知並非根據客觀事實，完全是由情緒所創造出來。

認知的方式比客觀事實更能左右我們的情緒。比方說，如果懷疑另一半劈腿，這種認知會導致我們憤怒、傷心，即使最後證明伴侶出軌並非事實而是誤會也一樣。換言之，就算另一半真的有外遇，只要我們被矇在鼓裡，我們照樣可以覺得幸福無比。這再度證明覺知決定了我們的情緒。

二〇〇四年天主教四旬期的聖週，美國新市場電影發行商（New Market Films）卻推出了一部與前述觀點正好相反的電影：《受難記：最後的激情》（*The Passion of the Christ*）。這部片子呈現了導演對耶穌基督臨終前十二小時的詮釋。二〇〇四年三月四日，《先驅論壇報》（*Herald-Tribune*）曾刊載一篇報導，由記者艾比・溫嘉頓（Abby Weingarten）在採訪了各種不同信仰及價值觀的觀眾之後所撰寫，充分顯示大家對此片極端強烈而不同的反應。一名新教牧師表示，該片確實描繪了耶穌對所有世人的關愛。一位猶太教祭司認為這部電影有反猶太之嫌，讓她回想起童年時曾有同學對著她一邊丟石頭，一邊大喊說，「該死的猶太人，你們殺死了耶穌！」回教發言人聲稱回教徒不會去觀賞這部電影，畢竟目睹先知耶穌的受難及死亡過程，仍屬不敬的行為。另一位基督教普救會（the Unitarian Universalist）牧師則覺得該片的暴力畫面，其實是出於「商業考量」。

我一位前同事在七十六歲時，因為醫生為她做的一個很普通的醫療手術而永久失明了。沒有能力繼續做早已熟悉的家務事，可以想見她有多麼悲哀。然而她並沒有自艾自憐。相反的，在大家眼中，她是個深具謙卑和感恩氣質的女性、激勵人心的好榜樣。由於她深信自己擁有親友充分的愛、支持與祈福，絕不是個無助的受害者，所以人們都如此看待她，她也如此看待自己。當然，換一個人處於她這種境遇，很可能變得既痛苦又悲憤，但是這位女士卻抱持很正面的態度。沒錯，心理研究專家早就發現一個現象，就是：快樂的人即使面臨失明或癱瘓等重大挫折，仍會是快樂的人；不快樂的人即使中了樂透或發大財，還是常感到不快樂。

賓州大學（University of Pennsylvania）心理學家馬丁・施利格曼（Martin Seligman）博士曾做過一次研究，發現人們對事實的看法經常是可預期的〔他稱此為「解釋型態理論」

（explanatory style）」。研究結果顯示，自貶的心態經常是導致臨床憂鬱症的主要推手。

幾年前我看過一個病例，患者艾倫被診斷罹患了「低落性情感疾患」（dysthymic disorder，即慢性輕度憂鬱症）。有一次艾倫從越南出差回來後，開始接受藥物治療。我問他憂鬱症是何時開始發作的，艾倫甚至可以明確指出自己是哪一天哪個時刻心理崩潰的——那是一九七五年西貢淪陷的時候。那時他正在自己住處的客廳裡，看到電視上播送北越占領了這個城市的消息，他內心立刻下了兩點結論：一，他在越南的一切努力都白費了；二，自己是個徹徹底底的失敗者。他覺得自己永遠是個表現不佳的輸家。艾倫在越南並非毫無成果，但他卻無視這個事實，因為負面情緒遠比實際真相更有說服力。他相信自己毫無成就，才淪為一個不快樂又沒有能力的人。

很多人都像艾倫一樣，認為自己是個受害者。不一定是輸了戰爭這類國家大事，才導致這種心態，舉凡丟了飯碗、離了婚等生活變動，都能讓人產生負面的感受。重要的是，我們應該知道這種負面的「受害情結」（就像艾倫的沮喪）其實來自於自身的感受，與外在事件並沒有一定的關聯。這雖然看起來是件小事，可是只要我們能控制自己的情緒，對事情的反應就會大不相同。沒錯，丟了飯碗是很難過，但大可不必因為前老闆的財務不良，或彼此相處不和諧，而讓因此丟了工作的自己失意喪志。我們對自身遭遇的詮釋，也就是對已發生事件所秉持的心態和信念，才是主宰情緒反應的主因。

艾倫在治療過程中認知了這個真相，於是做了一些調整，以改變自己的感受。結果他得出一個結論：自己並不是一個失敗者或輸家。他不再把戰敗的責任攬在自己身上，開始重新審視自己的「自棄」心態。最後他終究爬出了十幾年來深陷其中的憂鬱深淵。

對投資大量心力的事物，會產生最大的情緒反應

感受能詮釋自我，決定你是個樂哈哈的孩子、易怒的老男人，還是個神經兮兮的女人。我們也可以從一個人的感受看出他在何處投注最多心力。

在看電視轉播頒獎典禮時，聽到播報員興奮地描述某位走在紅毯上女藝人的服裝，你是否訝異怎麼會有人這麼在意別人的裝扮？你可曾困惑，怎麼可能有五萬多名觀眾擠進體育場，瘋狂地幫一支戰績不佳的足球隊叫囂加油？你經常為傷感的電影淚如雨下嗎？你會投入一個每週工作七十小時、待遇卻微薄得可憐的工作嗎？你會嫁給一個看起來有點粗魯又刻薄的男人嗎？

人們會在各方面砸下投資，包括家庭、金錢、運動、性生活、汽車、服裝等，所以這些事物對大家的情緒都會有很大的影響力。事實上，所有的情緒都反映出我們對人生的投資。我們會在乎，是因為我們投資了心力。我們感受愈深，就表示我們投資愈多。

你對即將在墨西哥阿布奎基（Albuquerque）舉行的市長選舉有何看法？除非曾經旅居該地，否則你對當地選情大概不會很關心。換言之，你對該選舉不會有什麼情緒反應。為什麼？因為不曾投資心力，就不會有情感。

不妨坐下來想一想，我們最關心的是什麼？什麼對我們來說最重要？究竟是工作、長相、配偶、子女、金錢、地位、成就，或是嗜好？由於投資與情感之間有密切關連，可以據此看出對自己和他人來說，什麼才是最重要的。雖然人們口頭上常說哪些事物對他們來說最重要，但往往並不是那麼回事。譬如有人堅稱工作是人生中最重要的事，但一旦談起工作，卻只露出一副就事論事的模樣；他們從未狂熱地寫一份新企劃書，或興致勃勃談論自己完成的某項任務。事實上，他們對週末的嗜好最有熱情。這清楚顯示出人們在這方面是多麼容易自欺欺人。

把情感強度當作測量人生大事的溫度計，有助於我們做出人生重大決策。比方說，你正在和一位聲稱最重視家庭的人約會；他說他很想要小孩，一直很喜歡和姪子一起玩耍，而且和父母手足都很親近。可是你跟他相處的六個月裡，每當他談起家裡的事，你卻感覺不到他對家人有深厚的感情。談到有位親近表兄早逝時，他從未泫然欲泣；提起他與父親對生意的看法不同時，也從未見他火冒三丈或憂心忡忡（即使是負面情緒，也可以視為「很在意」的表徵）。另一方面，只要一談到他的財務計畫，不論是已完成或未完成的，他都會流露出非常激動的表情（包括正面和負面的情緒）。看到這些情緒反應，就足以讓你瞭解此人真正的價值觀了。

人們的情緒表達也有很多種。有些人很低調，不容易看出究竟他們最在意的事物是什麼。還有很多人搞不清什麼對自己才是最重要的。例如，約翰一直深信自己該去念法學院。他的父母都是律師，他也高分考進法學院，而且始終相信做律師有很多好處，不僅社會地位高，也能賺很多錢。唯有在他想像當律師是什麼感覺時，才察覺到自己對做律師這一行幾乎毫無熱情可言。事實上，每當想到或談到生活其他方面的事情，像是激流泛舟、健行、旅遊等，他所表現出的感情相對強烈。可說他對這些所謂的娛樂活動其實投注了大量心力，對成為一個律師卻只做了知性上的投資。所以投資愈多用情愈深的道理，也能幫助我們認清許多自己不容易看清楚的事情。

情緒反應讓我們瞭解自己對世界的看法

情緒可以從內在告訴我們自己對這個世界的看法。可惜我們可能誤解這種訊息，或覺得自己太感情用事了，以致不願採信情緒所帶來的訊息。當我們極度傷心或暴怒時，這些情緒反映了什麼訊息？以下即是一般情緒反應所透露出來的涵義。

● 焦慮

焦慮是一種神經緊張的感覺，包括心跳加速、腸胃不適、胸部緊繃、口乾舌燥、雙手發抖等，大多數人偶而都曾體驗過。有時我們很清楚是什麼事情引發這些不適，譬如馬上要面臨績效評估等，但有時候就連我們自己都不太知道為何會焦慮。就算我們明白引發的原因，卻並不很瞭解這些情緒反應所隱含的意義。如果想對自己的焦慮感有充分認識，就必須把它視為過往某種投資將受到威脅的一種徵兆。

這個公式就是：投資＋威脅＝焦慮。比方說，以前你有幾個親戚曾死於結腸癌，所以你第一次去做結腸鏡檢查時，等於在做一次投資（因為重視生命），也正遭受一種威脅（因為可能檢查出致命結果）。換一種情況，如果你只是去醫院檢查高血壓，由於你過去並沒有高血壓病史，焦慮感就會少多了。

在某些情況下，如果你不曾做過投資，就算看到某種威脅，也不會感到焦慮。去做身體檢查就等於在做健康方面的投資，顯示出你很看重自己的生命，但其他方面的威脅卻可能視你的觀點而顯得不那麼重要，例如房地產跌價不一定會引發焦慮，因為有些人手上並沒有房地產。正如一句諺語所言，「鄰居失業像是經濟衰退，只令人難過；自己失業可稱得上是經濟大蕭條，簡直能讓人罹患憂鬱症。」所以說，事情與自己的關連會左右我們對事實的看法，也決定了情緒反應的強度。

因此，即使焦慮是臨床上的一種症狀，但更是所重視的東西受到威脅的一種訊息反應。從投資愈多、威脅感愈大的角度來審視自己的焦慮問題，其實是很管用的；如此一來，就知道該如何應付焦慮的根源，否則一味忽略或掩蓋焦慮訊息，很可能導致不良的後遺症。例如很可能會藉酒澆愁，甚至服用鎮定劑。

這就像駕駛一部車時，看到油表的警示燈亮起，顯示油箱裡的油量已低於一公升，這時我們卻只會要求乘客把置物櫃裡的榔頭拿下來以減少耗油量，然後關掉油表的警示燈而已。換言之，我們只想消除引起焦慮的訊息，卻沒有解決根本的問題。這麼一來，如果仍繼續行駛，車子很可能拋錨；同樣的，如果不處理導致焦慮的根源，有朝一日整個人也可能會「拋錨」。

我們可以把焦慮當成指標，從這角度來理解我們對事物的看法，藉以瞭解自己的人生投資和面臨的威脅，也才能面對恐懼與緊張的根源。根據德州大學（University of Texas）於一九九四年發表的一項研究結果顯示，克服焦慮的最佳方式，就是直接面對問題的源頭。故意忽視或逃避焦慮感，只會變本加厲，拖得更久。

所以，如果你搭飛機會焦慮，不如就咬著牙去搭飛機。如果你在公眾面前演講會焦慮，乾脆去安排一場演講。當然，你也用不著搭飛機環球旅行，或在一千名觀眾前面演講。只要先小試一下，搭個短程飛機，或找個熟悉的主題，對著一小群人演講即可。

● 悲傷

當一個人悲傷時，則會透露與焦慮時不同的訊息。我們感受到自己失去了某種珍貴的東西，也許是摯愛的人死亡，也許是結束了一個工作，也許是與伴侶分手，這些都會令我們感到悲傷。

悲傷與臨床憂鬱症不同，必須為期兩週以上出現抑鬱、失眠、感到絕望或自己毫無價值、冷漠無感、對於以往喜歡的事物失去興趣、性慾降低、沒有胃口或暴食等症狀。而悲傷也可能是臨床憂鬱症的症狀之一，但同時也是人類正常的情緒。只要還能正常生活，一段時間後悲傷自然會減輕並消逝，不再抑鬱寡歡。重要的是必須認知到自己所珍愛的事物已一去不復返。

有時我們會不敢承認自己為什麼悲傷，也許是因為不願面對失落所造成的傷害；有時甚至會為傷心編織一些理由，像是天氣太寒冷、太陰沉等等，而不願正視已然不可挽回的失落。

● 罪惡感

做錯事並不會讓我們有罪惡感。只有當我們自認做錯事時，罪惡感才會浮現，意即意識到違反了自己的道德標準。比方說，在一個美麗的星期天早晨，有兩個男人在海岸邊釣魚，其中一人愉快地欣賞平靜的海水和蔚藍的天空；另一個人卻被罪惡感困擾著，因為他從小生長的家庭認為星期天早上應該上教堂做禮拜，因此自認違背了自己的道德觀。由此可見，其實是認知而非行為本身造就了罪惡感。

罪惡感有助於我們檢視是否恪遵了自己的道德準則。以上述男人為例，他就抗拒自己想在星期天早上享受美景當前的歡樂。所以，如果他反省自己的價值觀，並認為應該恪守這種準則，就該打道回府，在教堂度過星期天。然而，如果他發現這種道德要求只不過是從小嚴格禁慾教育的一種手段，他就該改變自己的價值標準，允許自己享受週日釣魚的樂趣。

為了擁有罪惡感，為了培養奉行道德標準的能力，我們必須先學習辨別善惡對錯。一旦我們違背了善惡認知和對錯標準，罪惡感就會油然而生。有些人對身邊的每件事都有強烈的罪惡感，好像天氣晴雨、經濟興衰、交通好壞都該由他負責似的。然而也有人剛好相反，除非竊取了大筆公帑或殺了人，否則對大多數事情可說毫無罪惡感可言。換言之，罪惡感並非來自行為本身，而是取決於一個人的信念及價值體系。

經常有強烈罪惡感的人，多半是年少時受教育的影響：環境教導他們要為某些事、甚至其他人的情緒或行為負責。他們可能為了自己所無法掌控的事物而飽受責難，導致常有過度憂慮的傾向，也因此一輩子都可能懷抱著不合理的想法，認為自己必須擔心所有的事情。相對於強烈罪惡感，人若毫無罪惡感即構成所謂的反社會人格；這種人經常觸法，眼中只有自己，無視於他人的存在。反社會性格的人不會自責，沒有罪惡感，對他人也不會產生同情心。

●恐慌

有人形容恐慌來襲時，就像整個人快要死了，或心臟病發作了似的，症狀包括：胸部有嚴重的壓迫感；心跳加速；呼吸急促短淺；手腳有刺痛感；對光線與聲音過度敏感；膝蓋無力；腸胃翻攪；急於逃離某個場所或處境等。

恐慌症遠比前述的一般性焦慮感嚴重得多。這種病症在社會上很常見，有相當高比例的人深受其苦。如果在一個月內併發上述兩三種不適病徵，或合併有強迫性地認為自己出現上述症狀，極可能罹患了恐慌症。

雖然有些人的確需要鎮定劑或抗憂鬱症藥物來治療，但是我們發現，如果患者能認知到這種病症，也就是自覺身處某種困境，或察覺情況失控，恐慌症引發的強烈情緒反應是可以受到控制的。事實上，恐慌症的種種情緒反應，主要就在於提醒患者注意自己的這種處境，通常患者在病發之前，會表示他們已認知自己的不利境遇。

譬如，有位從來沒有罹患過恐慌症的醫生一向很喜歡潛水運動。這本來是個很有趣的探險活動，直到有一回他潛入一個海底洞穴探索海底生態。其實引發他頭一回恐慌症發作的原因，並非發現了什麼令人不安的東西，而是探險時竟然找不到出口。

還有位先生也曾在六十幾歲第一次恐慌症發作。當時他正在做心臟病治療，有一台很重的診療機器懸掛在他的胸膛上方，太接近胸口而讓他不太舒服，當他發現病房內沒有其他人在，又自認無力移動機器時，恐慌症就發作了。

話雖如此，外在的困境並不是令我們感覺受困的唯一因素。曾經有個甫退休人士就因為恐慌症不斷發作而入院治療；在退休之前，他這輩子從未經歷過這種症狀。追究原因，是因為他在退休後賣掉了位於芝加哥的房子，為了討老婆歡心而在佛羅里達州又買了一棟。事後他發現自己非常討厭住在佛羅里達，但已成定局，讓他深感走投無路，於是恐慌症就發作了。有了前述例子就不難理解，為什麼這種病症總是發生在排著長龍等待付錢的雜貨店，座無虛席的電影院這類場合。此外，身處沒有明顯逃生出口的餐廳、飛機上、交通顛峰時間的車陣裡，也很容易引發恐慌症。

瞭解恐慌症的起因，有助於患者有效治癒病症。與其以為這是一種沒來由的病或過度緊張的結果，還不如確實找出讓我們感覺受困的原因，並瞭解致病的原因其實是來自於感覺，而非事實；而且引發病情的處境通常只是短暫的，並沒有真實的危險。以這種方式處理情緒失控，遠比不敢面對病因要好多了。也許逃避面對發作的病因能暫時紓解壓力，但這種逃避的態度卻無法根治問題。一直不肯面對引發情緒的根本原因，恐慌症一定會捲土重來。

●憤怒

憤怒這種情緒似乎從外在就很容易瞭解了。我們很清楚周遭哪些人讓我們火冒三丈（子女、配偶、雙親、老闆等），也知道他們做了哪些事才讓我們這麼火大（蔑視我們、命令我們做東做西等）。可是有一件很重要的事情我們並不瞭解，那就是憤怒這種情緒的涵義。憤怒的來由通常是因為我們感覺受到了侵犯。例如，塞車讓人動彈不得，就很可能對其他駕駛冒火。同樣的，如果有人調戲我們的配偶、未經允許就偷看我們的日記，或把私人祕密告訴他人，我們也很可能感到憤怒。

憤怒的情緒源自於我們的期望受挫，也就是期盼有正面的結果，結局卻是負面的。譬如連續幾天下雨讓假期泡湯，會讓人很惱火，因為大家期盼的是能在好天氣出遊。同樣的，我們會在送人結婚禮物後期盼收到謝卡、在結婚紀念日期盼收到花束、在服務一整年後期盼老闆讓我們升遷或加薪，但如果這些期望落空了，便難免生氣。

有時人發點脾氣也很正常。但如果脾氣發得太頻繁、火氣太大、生氣的時間拖太久，超乎常態，就會產生不良後果。換言之，如果你經常冒火（頻率）；利用言語或行為羞辱他人（強度）；或是脾氣一發就是好幾個小時，而非幾分鐘就了事（持久度），會很難與他人維持關係。很多人都會為脾氣發過頭而找藉口，總是把自己的怒氣歸咎於其他的人、事或情況。其實他們不瞭解，憤怒的根源是自己的內心。讓我們生氣的並非外在事物，而是對外在事物的感受。當我們感受到自己被侵犯時，譬如朋友在打網球時作了手腳、工作夥伴沒有準時交出承諾過的案子等，就會不自覺發起火來。

在脾氣爆發前，用溫和的做法來管理自己的怒氣，就能成功掌控這種強烈的情緒。我們必須認清自己很容易因為受侵犯的感覺而失控，然後學著改變自己的想法，才能在一開始時就化解內心的憤怒。

人的情緒不只上述五種，但情緒的產生大都肇因於對事情的一種感覺而已。比方說：

- 當我們自認不如人，卻又無法接受不如人的自卑感時，就會產生嫉妒的情緒。
- 當我們認為自己不夠好或無足輕重時，羞慚的情緒就會湧上心頭。
- 當我們認為自己有所成就時，就會油然升起驕傲的感覺。

經過以上描述後，情緒看起來似乎很簡單易解，不過每次因爭吵而冒火時，卻還是很容易就忘了情緒只不過是由日常一些感受所引起。如果不能時時記住感受是罪魁禍首，很可能經常傷人傷己。

所有的情緒都以三種直覺反應的方式流露出來

每種情緒都像隻三頭野獸。為了充分瞭解自己的情緒，我們必須從下列三方面來思考：

1. 主觀經驗（即感受）。
2. 生理反應（亦即生物學上的變化）。
3. 行為表達方式（指我們的言語行為）。

第一，每個人的感受，都是對這個世界主觀、個人、私密的體會。每個人都依據自己的背景、以言語文字為媒介，藉以表達身心對外界事物的反應。

例如，你和配偶一起去看電影，也許你認為片子很濫情，你的另一半卻覺得很感人。即使你們是親密伴侶，你也不能期望他的感受和你一樣。就算你們有不少共同的體會，但你最好還是承認感覺是主觀的，表達的方式也各有不同。如此一來，當彼此看法不同時，你就不會心生不快，對培養親密關係會有很大的幫助。

俗話說，變化多端的人生才會多采多姿。觀點各異，生活才有意思。這是很正常的現象，並沒有對錯可言。

第二，我們也可以從生理的角度來詮釋情緒。英文的「情緒」（emotion）一詞起源於拉丁文「emovere」，意為激起、攪動、刺激或推動等。情緒不只是一種心理狀態，還牽涉到一連串複雜的生理反應，包括荷爾蒙的分泌、刺激血液流動，以及大腦內神經元的活動等。這些生理變化在中樞神經系統（CNS）的兩大分支系統中發生。其中交感神經系統掌管身體動作；神經衝動是從大腦和脊髓傳導至各器官。副交感神經系統則負責維護活力和能量。

當人類感受到情勢緊張時，必須採取「打或逃」的反應，這時交感神經系統就發揮作用了。這種體內運作會促使瞳孔擴大、汗流浹背、心跳加速、口乾舌燥。位於腎臟正上方的腎上腺會分泌腎上腺素。這種荷爾蒙會使氣管擴張，使空氣較容易進入肺部（造成淺而短促的呼吸現象）；加速心跳（胸膛猛烈起伏）；血壓升高；消化速度減緩。

試想如果身體擁有可以自我控制的急救系統時，會是何種情況。一旦感受到某種可怕訊息，例如在暗巷聽到背後有腳步聲，身體就會自動做好逃跑的準備。如果腳步聲最後可能導致無可避免的衝突，身體也會準備好大打一架。這時我們會發現肌肉裡的血液激增（包括手臂、腿部、背部、胸部等），以便我們能逃跑或打架；同時流到體內其他自主器官的血液卻減少了（例如消化或生殖系統等），大概因為這些器官此時對保命而言比較不重要。

因此，在這種緊張時刻，不僅消化食物的能力降低，性功能也打了折扣。也就是說，當我們一心只想到如何因應眼前的危機時，血液就會從生殖器官溜走，湧向肌肉發達的四肢。直到威脅消失，不再需要做出打或逃的反應後，中樞神經系統所掌管的副交感神經就會恢復正常運作。由於人體本就具備了平衡能力，所以這時無論是呼吸速度、心跳頻率、血壓狀況等，都能恢復常態。

此外，在人體的大腦結構裡，處理打或逃反應的屬於邊緣系統（limbic system），尤其是所謂的杏仁核部位。至於沒有那麼緊急的情緒，尤其不屬於外在威脅所引發的種種情緒，則多半由大腦前額葉皮層所掌理。值得注意的是，一旦杏仁核或大腦前額葉皮層受損，都會讓我們失去瞭解、表達及控制情緒的能力。

為什麼上述的情緒運作過程很重要？因為我們很可能不瞭解情緒會對身體造成多麼嚴重的影響，反之亦然。

譬如男性很可能因為壓力太大造成陽痿，而變得極度消沉；女性也可能因為壓力導致消化不良，而變得煩亂不安。眾所周知，常發脾氣容易罹患心臟疾病及某些癌症。悲痛和長期的哀傷也可能使免疫力下降，造成抵抗力減弱，工作生產力降低，甚至罹患憂鬱症，或導致自殺的不幸。

人們通常只會在口頭上強調身體與心靈是一體的，卻經常忽略這兩者在實際生活中的緊密關連性。應該把自己的身體視為一種精密而敏感的警示系統。如果有時覺得自己有點懶懶的、身體某些部位怪怪的，或感到頭痛等，就要想想是不是身體正在發出警訊，情緒上可能出了問題。

第三，要瞭解情緒很可能會促成某些行為。每當大笑、吼叫、哭泣、微笑、說諷刺人的話，或變得有侵略性時，這些行為都是情緒所引發的結果。

行為能清楚表達我們的感受，所以是一種極佳的溝通工具，可以抒發內在的情緒，並釋放情緒所帶來的壓力。

當快樂得抓狂時，就會想大笑、高呼感謝上天，或興奮得想跳舞。然而，要是滿懷悲傷，就會很想痛哭一場，這樣不僅有助於紓解憂傷，還能幫助他人瞭解我們的感受。如此一來，別人也就知道該如何撫慰我們的創傷，或與我們一起歡慶樂事。

如果有人想把情感與行為截然劃分開來，也就是不想把情緒表現出來，就不太能成為非常快樂或滿足的人了。畢竟每個人都需要用行為來表達自己的感覺，只是用言語述說快樂或悲傷是不夠的。

事實上，為了充分瞭解和體會自己的情感，就需要把身心和行為視為一體。如果我們能體會內心的感覺，認識感受所造成的生理反應，然後透過行為把情感表達出來，我們的社會互動就會更好，自我觀感也會好多了。

下一章將對如何掌控行為做更深入的討論。

練習題

第一個真相，就是要瞭解自己的情緒。本章已試著讓你對情緒有更深入的瞭解，像是恐懼、憤怒、悲傷等，希望能藉此認識自己的情緒反應，並瞭解情緒所代表的意義。為了幫助你把這些知識順利運用在實際生活，接下來特別設計了四種練習題目，讓你知道自己的情緒有多豐沛。

練習1

你有什麼感受？

練習一的題目能讓你瞭解自己的情感廣度。過去的你，可能不清楚自己曾經歷過如此多樣的情緒。題目將問及曾在你生活中發生過的一些事情。如果有些題目超過個人的經驗範圍，譬如你從未經歷過寵物死亡，那麼就把題目改為假設語氣，像是：如果你的寵物死亡，你會有什麼感受？

1. 最要好的朋友搬家離開你時，你有什麼感受？
2. 考試第一次獲得最高分時，你有什麼感受？
3. 你養的貓或狗死掉時，你有什麼感受？
4. 目睹父母吵架時，你有什麼感受？

5. 有人誣賴你做了某件壞事時，你有什麼感受？

6. 朋友把你的祕密洩漏出去時，你有什麼感受？

7. 同學排擠你時，你有什麼感受？

8. 獲得升遷時，你有什麼感受？

9. 朋友造訪時正好撞見你父親喝醉酒的模樣，你有什麼感受？

10. 在最喜愛的地方度假時，你有什麼感受？

11. 有人威脅要傷害你時，你有什麼感受？

12. 熟人在外放謠言中傷你時，你有什麼感受？

13. 家人和朋友到醫院探望你時，你有什麼感受？

14. 父母承諾你的事情卻沒有履約時，你有什麼感受？

15. 父母拿你與其他小孩比較時，你有什麼感受？

16. 分組活動時卻沒有人邀你與他們同組，你有什麼感受？

17. 當所有困難的工作都完成時，你有什麼感受？

18. 當別人推舉你接掌某個你喜愛的職務時，你有什麼感受？

19. 想到母親時，你有什麼感受？

20. 某個你摯愛的人讓你失望時，你有什麼感受？

21. 某種不好的念頭在腦中盤旋不去時，你有什麼感受？

22. 當比賽結束時，你有什麼感受？

練習 2 什麼原因讓你有這種感受？

所謂瞭解自己的感覺，意味著必須挖掘出會引發這些感覺的深層肇因。你可以在下列空格裡面，填寫會引發某種感受的某個事件、情況或人際關係。

1. 在哪種情況下，你會覺得很興奮？

2. 在哪種情況下，你會覺得很悲傷？

3. 在哪種情況下，你會覺得很尷尬？

4. 在哪種情況下，你會覺得很緊張？

5. 在哪種情況下，你會有嫉妒感？

6. 在哪種情況下，你會感覺很快樂？

7. 在哪種情況下，你會覺得很沮喪？

8. 在哪種情況下，你會覺得很憂慮？

9. 在哪種情況下，你總是覺得很煩亂？

10. 在哪種情況下，你會覺得很困惑？

11. 在哪種情況下，你會覺得受到關愛？

12. 在哪種情況下，你會覺得頓失興趣？

13. 在哪種情況下，你會覺得很驕傲？

14. 在哪種情況下，你會覺得煩躁易怒？

15. 在哪種情況下，你會覺得很火大？

練習3

認識憤怒的情緒

憤怒是因事情而引起的情緒，而那些都是你寧願沒有發生、卻不幸發生了的事情。與其耽溺在負面情緒裡面，不如面對引發怒氣的各種根源。請在下面空格內填寫各種讓你惱怒的重大事件，並描述何以讓你如此生氣。

我非常生氣，因為

我很氣他／她，因為

那件事讓我火冒三丈，因為

我深感挫折，因為

我簡直不敢相信你竟然

我心情真的很糟，自從你對我

練習 4

你的五項人生重大投資

在下列空格中填入你的人生重大投資，以及可能威脅到投資的最嚴重情況。例如配偶是你的一項重要投資，而可能威脅此投資的最嚴重情況即為離婚。這個練習能幫助你瞭解哪些事情可能影響你的情緒，哪些尚未發生的嚴重事情可能是你焦慮的根源。

	投資項目	潛在威脅
1		
2		
3		
4		
5		

Chapter 2

改變想法並瞭解自身感受，就能擺脫強迫行為

命運取決於抉擇，而非機會。

——美國國際減肥中心（Weight Watchers International）創辦人琴・尼德契（Jean Nidetch）

上帝，請讓精神科醫師治癒我的病症。

——名編輯羅莉・羅辛（Laurie Rosin）

第一章讓我們知道情緒是可以理解的，甚至可以控制到某個程度，那麼有沒有可能改變情緒所引發的一些行為呢？

想想看，當你非常悲傷或憤怒時，會有什麼行為反應。要是非常傷心，你很可能一直坐在那裡，發呆似地看著荒謬的電視劇。要是感到極為憤怒，你很可能用言語或動作傷害身邊親近的人，或是做出一些自毀性舉動。

你很清楚這些行為會產生不良後果，也很想踩煞車。然而強烈的情緒卻像老虎鉗似的緊緊控制著你，爆發意想不到的激烈反應，可說完全成了一種強迫性行為。

很多人都有強迫行為。傷心時會拚命灌酒；焦慮時會不停抽菸；生氣時會暴跳如雷；寂寞時會背著伴侶偷腥。這種強迫行為或許有很多版本，但共通點都是在強大的情緒壓力下所觸發。例如，四十五歲的莎拉幼年時被父母遺棄，七歲時又遭到一名男性親戚性侵。這些遭遇讓她經常在被男人欺侮時感到羞慚、恐懼又無助。

為了應付這些激烈的情緒，莎拉選擇一種自我治療似的強迫行為，也就是用強迫進食來抒發情緒，結果成了一名暴食者。只要丈夫反對她或子女反抗她，就會大嚼一整包餅乾；要是男主管批評她的工作表現，又會馬上吞下一整桶冰淇淋，只因為撫慰性的食物能舒緩不受重視、徒勞又無人疼愛的情緒。

稍後我們再回頭探討莎拉的故事。此刻要強調的是，打破一再出現強迫行為的循環模式是可行的。耽溺和焦慮並不是不可挽回的狀況。也就是說，或許我們滿腦子都是不好的想法，但這些想法卻不一定能控制我們的行為。事實上，一旦你瞭解究竟是什麼情緒引發這種行為，以及潛藏的情緒能量究竟如何造成這種特殊反應，你就可以學著去控制這種強迫行為了。

強迫行為：應付長期痛苦的短期紓解做法

當強迫行為出現時，代表你正在努力改變自己的情緒狀態。這做法看似不錯，但長期下來其實會引發嚴重的問題。例如，當你身不由己地一直在看電視或玩電腦遊戲時，可能暫時紓解了焦慮感，也就是逃入電視或電腦畫面中，藉由電視人物所遭遇的問題來紓解自己的壓力。然而，長期來說，這種強迫行為卻可能妨礙你為自己找出焦慮的真正根源。有些人心中這股推動力太強大了，以致於被強迫行為緊抓不放，最後導致嚴重的負面結果。

以莎拉為例，她可能在身心兩方面都對食物有上癮的毛病。食物撫慰了她的情緒，短暫紓解了人際關係帶給她的痛苦。唯有瞭解強迫行為的運作模式，才能學習如何改變自己的情緒，以免墜入某種強迫行為的深淵。因此，要瞭解強迫行為具有以下特徵：

- 強迫行為能轉化我們的感受。
- 強迫行為是暫時的情緒緩解劑。
- 即使知道強迫行為會導致負面結果，也很難戒斷。
- 強迫行為會逐漸自行其是。
- 強迫行為是一種可預測的行為模式。

● 強迫行為能轉化我們的感受

強迫行為能幫助我們擁有想要的感受，並驅離不喜歡的感覺。例如，人們會在緊張的會議後抽根菸，釋放緊張感，得到比較輕鬆的感覺。很多人喜歡在下班後到酒吧小酌，藉此擺脫工作的壓力和挫折。人們也很渴望體會酒精帶來的醺然放鬆之感，可是如果下班後直接回家，就沒有這種享受了。工作狂則從工作中享受到很大的成就感。上了年紀的人如果把妹成癮，則是因為那種感覺讓人自覺極有魅力，彷彿年輕了幾十歲。

由於每個人的需求、生活方式以及基因結構不同，所以多少都有某種特定的強迫行為模式。例如，我有個頗有成就的患者曾經告訴我，他是以吸食古柯鹼來維持蠟燭兩頭燒的忙碌生活。莎拉之所以會暴飲暴食，一部分原因就是覺得如果自己很肥胖，對男人就比較不會有吸引力了。她相信，自己愈沒有吸引力就愈安全，男人也不會想染指她。至於從小在父母保護下長大的人，後來卻很可能冒險成癮，總喜歡在人際關係、事業，甚至拉斯維加斯的賭場裡賭博，以品嚐冒險的滋味。

● 強迫行為是暫時的情緒緩解劑

還有個患者曾告訴我，他吸食香蕉皮這種偽精神迷幻藥，已成了一種強迫性行為。也許有些人會在絕望或好奇心驅使下嘗試吸食這種東西，但有人竟會吸食上癮，令我難以想像。畢竟吸食香蕉皮不是什麼大事，因為它並不是真正的迷幻藥，所以不會帶來興奮感，更無法藉以忘憂。然而，吸食古柯鹼就另當別論了，這種東西確實能讓人飄飄欲仙，短暫逃離現實。為了降低焦慮感，酒精也非常有效（當然，吸食毒品和酗酒到後來會滋生更多問題）。如果某種行為是為了滿足特定需求，通常也很難戒斷，因為這種做法的確能達到短暫緩解的目的。

所謂的腦內啡（endorphin）是一種能改變情緒狀態的物質，因為它能刺激大腦內掌管愉悅的區塊。當大腦內部大量釋出這種化學物質，就能讓人產生一種飄飄欲仙的陶醉感。慢跑者聲稱在跑步時，大腦會分泌腦內啡，這就是所謂的「跑者的興奮感」。這種人體化學反應能暫時提供一種愉悅的狀態，讓人擺脫精神壓力。

人類有各式各樣的行為都能提供短暫的撫慰，以紓解情緒苦痛。對某些人而言，逛街購物能紓解壓力；他們並不是偶而去商店逛逛而已，購物已成為一種非去不可、頻率極高、時間又很長的一種強迫行為，有時是專程去尋找某些商品，有時則是大肆採購，見到就買。逛街購物讓他們心裡很暢快，可以把注意力從痛苦的事情上轉移到其他方面。每買下一件東西，都能帶給這些人一種成就感，覺得一切仍在自己的掌控之下。

其他的強迫行為，像是沉迷網路、日夜玩電腦遊戲，或把閒暇時間全都花在當個崇拜名人的粉絲。這些做法全具有某種效果，卻為期短暫，而且長期下來會有後遺症。

● 即使知道強迫行為會導致負面結果，也很難戒斷

暴食的莎拉很清楚自己的體重已超標四十五公斤。雖然醫師每每輕聲規勸，但她總是回答，「知道了，知道了，我需要減肥。」

近幾十年來，菸瘾者早已熟知吸菸的危險性。賭博上癮者則永遠想要大贏一把，即使早已歷經破產、欠債、眾叛親離等慘痛教訓，仍然很難讓他們回頭。購物狂即使刷爆了卡，已完全沒有還清卡債的希望，也毫不手軟。還有一些人則寧願花大把時間看電視，也不肯去做功課、找工作、做運動等積極的事情。

為什麼明知有負面後果，大家仍然抓住這些強迫行為不放？這個問題多年來一直困擾著相關研究者與醫療人員。你可能想像不到，其實這些上癮者並不是軟弱或缺乏意志力。

其中很多人都明白每週花上二十小時去逛街是件壞事，所以有時會設法減少或戒絕。然而他們雖然已經盡了全力，卻往往半途而廢，因為對自己的強迫行為已經產生某種生理與心理上的依賴，終至積重難返。

● 強迫行為會逐漸自行其是

世界知名心理學大師高爾頓・奧爾波特（Gordon Allport）創造了「自主功能」（functional autonomy）一詞，意指一種行為剛開始是出於某種特定需求，後來初始肇因雖然早已不存在，這種行為卻會自主性地持續發展下去。

譬如，有個女性從十三歲開始，就為了融入團體而開始吸菸。年屆四十六歲時，她仍然持續吸菸的行為，其實當初促使她吸菸的因素早已不存在了（諷刺的是，這時她從中年友人身上接收到的戒菸壓力，甚至比十幾歲時朋友給她的吸菸壓力還大）。

而她之所以無法戒菸，是因為吸菸的強迫行為早已自行其是。無論是在生物化學層面對尼古丁上癮，或在心理層面對尼古丁的紓解壓力功能產生依賴，總之，這位女性非常享受吸菸帶來的歡愉，經常每隔幾小時，就會吸根菸來犒賞自己。雖然她不需要再用吸菸的方式來顯示自己很酷，或藉以融入某個小團體，但仍持續吸菸的習慣。如果她必須定義自己是哪種人，「吸菸者」一定名列其中。

還有許多人則自認是購物狂、影癡、電動玩家、工作狂等等。剛開始這些行為可以減輕不適或痛苦的感受，但一段時間後，效果就不見了。相反的，這些行為就有了自己的「完形理論」（gestalt），成為一個人自我定義時的一種特質。於是原本的強迫行為就變成了一個人自我定義下的某種特徵，這時就更難戒除這種強迫行為了。

● 強迫行為是一種可預測的行為模式

如果你想戒除強迫行為，就必須認清這種行為的發展模式。

約翰．霍普金斯大學（Johns Hopkins University）的精神病學會主席保羅．馬克修（Paul McHugh）曾把強迫行為加以理論化，將之歸類為一種激勵性行為，具有反覆發作的特性，其行為模式是可預期的。

這種會反覆發作的自我激勵行為模式具有四個階段，只要能認清自己正經歷這些階段，就能減低其影響力。一旦把自己的上癮行為套進以下的四階段過程之中，就能看清行為的發展模式，進一步知道該如何改變行為，以自我控制。我們也能瞭解自己為何會上癮，並認知到這些充其量只具有短暫的效果而已。

從下圖可看出強迫行為的循環模式：

● 階段1：壓力感受

在第一階段裡，莎拉察覺自己必須面對人生中一些難以承受、無法掌控、令人難受的遭遇，像是丈夫無情、冷漠、不領情的性格，或子女表現出不尊重、不聽話的態度等。

● 階段2：強迫意念

莎拉經常會在心裡喃喃自語，甚至連自己都沒有覺察。她的念頭和自我對話總是繞著自己不能自我控制這一點打轉，結果變得愈來愈自卑。由於欠缺長期管理壓力感受和負面念頭的技巧，所以強迫行為難以改善。又因為她一直採取逃避一時的策略，結果就只有嗜吃一途。

● 階段3：強迫行為

莎拉打算用狂吃來暫時紓解壓力和內心的悲苦。她深知食物具有撫慰效果，吃個不

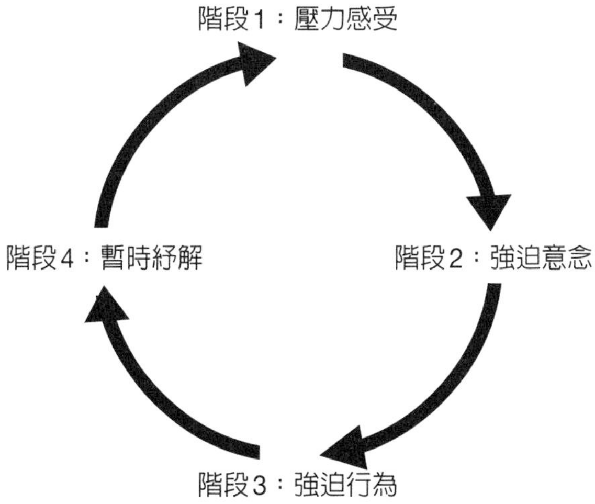

停能帶來舒適和快樂。換言之，食物提供了某種滿足感，能讓人擺脫生活中的緊張不適。由於這種不健康的紓解方式能帶來預期的回報，所以她無意追求長期徹底的解決之道，以排除她所遭遇的問題。

● 階段４：暫時紓解

一旦進入這個階段，莎拉就會覺得負面念頭減少了，壓力減輕了，生活比較好過了；至少眼前是如此。可是曾經承諾要克制食慾卻又故態復萌，罪惡感也油然而生。如果沒有學會長期自我控制的技巧，這種自我激勵的負面做法就會一而再地發生。其實貪吃絕對無法擊退情緒的痛苦和挫折，這只不過是緩兵之計，無法徹底解決問題。狂吃之後跟著而來的罪惡感、羞慚以及自我埋怨，對於不良行為的循環模式更是雪上加霜。

打破循環模式：走出強迫行為的三種方法

試想自己是否有某種重複性的癖好？親友也許曾經問你，「你為什麼喜歡做這件事？」其實真正的理由你可能說不出口，那就是這件事能紓解你情緒上的苦痛。這可說是一種心理麻醉，不幸的是效果很短暫，還得長期忍受後遺症。因此，不妨想想採用下列三種方法來舒緩情緒，就不用再求助於強迫行為了。沒錯，莎拉很明顯是不瞭解或不願意選擇吃以外的其他方法，至少她沒有實際去做。畢竟，吞下一大包洋芋片或一大筒冰淇淋，就能讓心情歡暢，壞情緒一掃而空，難怪會對其他方法不感興趣。當然，一旦她胖了四十五公斤，身邊每個人都開始警告她說，不要再貪吃了，不然會不好看、身體也會不健康等等，這時她才開始想嘗試其他的紓壓法。

其實我們並不需要讓自己淪落到這個階段，大可一開始就採用以下三種方法中的一兩種來紓解壓力，以根除強迫行為；這三種方法即為：生化療法（Biochemical means）、感覺運動療法（sensorimotor system）、認知歷程療法（cognitive processes）。

● 生化療法

人人都知道服用生化藥品可以緩解情緒問題。今日社會普遍認為人們本來就應該一點煩惱都沒有，所以大街小巷的藥房全都在供應這類紓解壓力的藥物。商品廣告強調馬上見效，我們也認為沒有理由要忍受任何不適。只要服用小小一顆藥丸，痛楚馬上消失無蹤。商品廣告不斷用這些訊息來轟炸我們。

一般流行的撫慰品包括抑制中樞神經系統的鎮定劑（酒精、治療嚴重焦慮症的藥物 Xanex 等），抗憂鬱藥物（百憂解 Prozac、抑鬱錠 Lexapro 等），以及麻醉藥物（嗎啡、鎮痛催眠的可待因等）。有諸多報導顯示，生化藥品藥效極強，常可立即舒緩情緒。在臨床上這是很必要的處方，對病患很有幫助。譬如對於罹患躁鬱症的患者，醫生會固定開立穩定情緒的處方。只有濫用化學藥物才會傷害身體。

問題是，一旦藉由藥物等外力來解決情緒問題，在心態上我們就會逐漸認為只靠自己的力量是無法達成任務的。這麼一來，我們就會逐漸失去感受力、適應力，也就無法積極建構自己的人生了。

因此，雖然生化療法很適合用在某些病例上，但其嚴重的心理後遺症卻必須嚴肅以對。雖然莎拉大可服用減肥藥來控制暴食症，但是這種做法未必比較好。因為這幾乎只是把對食物的依賴轉化成對藥物的依賴而已，並不能根治強迫行為背後的情緒問題。

所以一般認為，在大多數案例中，生化藥物療法不應是第一優先選擇；首先應該嘗試的是改變當事人的行為。除非患者已經病情嚴重，其他療法都已無效時，才必須考慮接受處方治療。

● 感覺運動療法

另一種紓壓法是透過感覺運動系統，也就是我們可以放聲大笑、痛哭流涕、跑步、跳躍、吼叫，或只是放鬆一下，以改善自己的心情。妥善運用這種方法會很有效。

痛哭一場可以大大釋放痛苦或悲傷的情感。例如，如今莎拉已明白，哭泣可以宣洩少女時期遭人性侵而潛藏內心的痛苦。釋放出這種壓抑甚久的情緒，就能防止羞慚無能的感覺一再出現。為了減輕體重，莎拉決定練習快走或游泳，這些運動不僅能幫她減重，還能促進腦內啡分泌，讓她覺得自己充滿力量、能自我掌控，並產生滿足感；而這些做法都能間接改善她的情緒問題。另一種感覺運動療法是透過聆聽可放鬆心靈的音樂，藉以平撫焦慮感。除此之外，靜坐、祈禱、瑜伽等活動，也都有抒壓效果。

許久以來，大家都知道對可靠的親友和心理治療師坦露心聲很有助益。研究結果也證實了這種看法。二〇〇三年刊登在《科學》（*Science*）雜誌上的一篇研究報告指出，心理學家馬修．雷伯曼（Matthew Leiberman）發現，用言語抒發情緒能改變大腦活動，減輕情感上的痛苦與憂傷。如果我們曾對別人表達自己的感受，多少有可能誇大事實。譬如當你對人談起童年時父親讓你感到羞辱的經驗時，你很可能會一面傾訴著，一面大聲咆哮、搥打牆壁、涕淚縱橫，種種反應不一而足，以便讓自己的表情更誇張、更生動。你對於自己又是尖叫又是哭喊、甚至還會搥胸頓足的誇張舉動，可能也有點驚懼，自覺行為有些失控。但藉著這種抒發方式，的確能讓你感受到自己的力量。

不過，萬一你察覺自己經常以這種方式放大情緒，就要警惕了。如果你會大吼大叫地要兒子不要欺負他弟弟，就算孩子不得不服從你的指令，你還是得面對自己不是個稱職父母的挫折感；此外，也很可能會造成不良的親子關係（因為孩子只有在你吼他時才會聽話）。要是你用摔東西的方式來發洩情緒，更有可能傷人傷己。

運用上述的感覺運動系統來改變情緒，是我們每個人都能採取的正面舒壓法，不過仍應找到正確的表達方式。以十一歲的女孩吉兒為例，她有嚴重的焦慮問題。為了紓解焦慮感，她發現只要到後院的蹦蹦床上去彈跳一番，煩惱就消失了。因為反覆跳躍能刺激腦內啡的分泌，其他像是跑步、游泳或有氧運動等，也都有同樣的效果。

醫界已證實運動能降低焦慮和憂鬱等病症。不過，對於慢性憂鬱或躁鬱症患者而言，只靠運動一途是不夠的。重點在於，我們不宜低估了感覺運動系統可能發揮的療效。

● 認知歷程療法

還有兩種方法可以改變情緒。第一，調整自己的心態。第二，從根本上改變自己對整個事情的看法。前者當然不如後者來得徹底，但改變心態就像是變換大腦的頻道，可以把注意力轉移到其他方面。

如果擔心自己的感情生活不如意，譬如總是懷疑自己能否找到合適的對象，約會時也總是緊張得講不出話來，這時你不必硬要扭轉對自己的觀感，認為自己擁有無人能擋的無窮魅力。畢竟在個人看法上做這麼激烈的大轉彎，既不實際也難以達成。這時還不如調整心態，專注在擺脫一直困擾我們的思緒即可，即使只有短暫的效果也好。一旦這麼做之後，心情通常就會好多了。

舉例來說，吉姆是大公司的中階主管，經常抱怨得不到上級賞識。有一次，吉姆又在公司升遷中敗下陣來，於是不斷抱怨，比以往更顯得自艾自憐。他在辦公室裡不停地對親信的同事抱怨升遷不公。回家後也一樣。有一天在晚餐桌前，正當吉姆又向妻子抱怨時，忽然聽到小女兒房間傳來一陣巨響。他立刻衝上樓，發現書架傾倒在地，女兒幾乎被埋在書堆之中，所幸並未受傷。

在把小女兒從書架下安全拖出來之後，吉姆意識到自己的情緒歷經了一連串的大轉變：先是自艾自憐，後來是恐懼女兒受傷，然後又鬆一口氣，最後終因聽到小女兒的笑聲而滿心歡喜。女兒平安無事讓他滿懷感激，於是他回到廚房的餐桌前，對妻子說他很抱歉，因為最近一直唉聲嘆氣，抱怨連連；剛才他終於瞭解自己擁有的實在太多了。

吉姆並非因此就忽然認為同事搶先一步升遷是很公平的；這件事仍令他深感憾恨，只不過他調整了心態。心愛的女兒平安無事讓他深自慶幸，負面的感受也舒緩許多。因為把念頭轉到女兒身上，情緒就跟著平復了，才能滿心感激而非滿懷怨懟。

這件事情啟發我們，心念放在哪裡，心力就在哪裡。所以心理專家總是勸人在大吵一架之後，要做點事情轉移注意力。與其繼續思索他人的過錯，還不如去做點別的事情，像是翻翻雜誌、看看卡通、洗洗衣物，小小調劑有助於平復心情。這種調劑性做法能打斷強迫性行為，讓滋生這種行為的壓力找到宣洩的出口。

有很多調整心態的方式，可以阻斷一再重複的強迫行為。如果你不斷陷入低潮或沮喪的心情中，不妨去騎騎腳踏車吧。要是你一直憂心忡忡，不如去找個比你遭遇更大困境的朋友聊一聊。如果你總是覺得自己很可憐，去看一部精采的喜劇片可能有幫助。要記住，注意力轉移了，情緒也就跟著改變了。

你可能沒發現，其實自己平時就已經在奉行此法則了。像是交通顛峰時間被困在車裡動彈不得時，你會不由自主打開收音機舒緩心情；心情沮喪時會出門逛街；和家人出門一趟，精疲力盡地回來後，你會馬上打開電腦飆網，調劑一下心情。我們幾乎本能地瞭解：只要做點別的事，心情就會改善，行為也就不會出問題了。

然而改變心態只有短期效果。至於長期做法，則需要改變執著的念頭，擺脫不健康的思考模式。

以莎拉為例，她對自己的想法是：我是個沒用的人，別人可以任意利用我、傷害我、占我便宜。我也是個無足輕重的人，從來沒得到家人的關心和保護。我永遠不會有什麼出息的。我不會想追求任何成就，因為我微不足道，沒有能力追求任何美好的目標。我肥胖又不討人喜歡，大家都不想跟我在一起。為了留住身邊僅有的幾個親人，我必須容忍他們隨心所欲，就算占我便宜也沒辦法。我不認為需要照顧身體或讓自己具有吸引力，因為那樣男人就更可能來欺負我了。總之，我是個不值得愛的女人，大家只會利用我、拋棄我。就是這些念頭讓莎拉陷入了強迫性的暴食行為。除非能擺脫上述的思考模式，否則她幾乎找不到理由改變自己長期沮喪又自憐的情緒狀態。雖然轉換心情可以暫時逃離負面情緒，可是沒多久她又會故態復萌。

莎拉必須練習換一套想法，同時還要全心相信才行。例如她必須專心維持類似下面的想法：我是個重要有用的人。我的人生是有意義又有價值的。我有能力從童年受虐的創傷中復原。遭受性侵雖然是一件丟臉的事情，但丟臉的是做這件事的人，而不是我。我的子女需要一個可靠又有愛心的母親，而我有能力扮演這個角色。我不需要是個完美的女性，但我是個充滿愛心、和藹又有責任感的人。上述想法模式像極了以前週末現場電視秀的藝人史都華・斯馬利（Stuart Smalley）常掛在嘴邊的話：「我很好，很聰明；哇，觀眾愛死我了！」雖然這是嘲諷劇，不過也有其真實的一面。

我們的確能要求自己換個腦袋，只要努力往自己希望的方向思考即可。要不然就學會像匿名戒酒會課程（Alcoholic Anonymous Program）中所說的，「在做到之前，先假裝你已經是那樣的一個人。」

心理學家暨社會認知理論學者亞伯特・班杜拉曾提出「自我效能」（self-efficacy）一詞，讓人們瞭解該如何透過思考來改變自己的行為模式。班杜拉認為，自我效能代表：我們除了有能力「瞭解」某種既有行為模式能達到期望的結果之外，還能「掌握」並「成就」這種行為。因此，即使人們有能力瞭解必須停止與配偶經常爭吵的行為，但如果未能透過認知來掌握並成就這種做法，就會一再犯錯。

所謂的認知重建（Cognitive restructuring），也就是改變自己的心念，讓我們達成所期望的行為，就能在產生負面心念（誰要老婆犯錯，我吼她是她活該）時不再叨念不休，進而採用正面行為取而代之（我應該用鎮定和積極的態度對老婆說話）。

只要改變已成積習的念頭和信念，便有助於大幅改善個人感受。我（本書作者之一克利斯多福）在念研究所時就曾親眼目睹。當時有個催眠大師邀請十幾名觀眾上舞台，設法讓每位自願上台者都陷入催眠狀態。凡是能被催眠者就留在舞台上，不能被催眠者就回到自己的座位。直到催眠大師深信自願上台者能接受催眠暗示時，他就開始操縱他們本身的一些信念以及對現實世界的主觀感受。

比方說，他詢問哪位自願上台者是與配偶或男女朋友一起來看表演的，然後在他從一數到三之後，這些被催眠者就要走到觀眾席，各自找到伴侶，然後熱情擁吻他們。結果這些人果真照辦了。

當催眠大師把這些人帶回舞台後，又從一數到三，然後告知他們將會以為自己親吻的不是另一半，而是個完全陌生的人！我永遠忘不了當時台上那兩位女性驚恐的表情，其中一名女性流著眼淚表示，「我老公一定會殺了我！我根本就不認識那個人！」接著催眠大師又立刻修正了她的認知狀態，那位女士馬上破涕為笑。

再回頭談談莎拉。她因各方面的情緒和行為都出了問題，又出現病徵，才會接受治療。結果上述三種療法她全用上了，以求改善強迫性的暴食症，同時也能改變她的自我觀感。

莎拉至今仍一直在服用抗憂鬱劑。她也明白要適時抒發情緒上的痛楚，尤其是童年創傷在心靈上的烙印。此外，她還學習藉由運動及舒壓法來紓解情緒。我也鼓勵她用打坐或祈禱的方式來改善心情。最後莎拉終於學會努力擺脫自幼即控制著她的忿怒思考模式，以及隨之而來的一些負面自我看法和心態等。

雖然莎拉迄今尚不能徹底擺脫強迫行為，但已有很大的進步，特別是因為她已經明白自己是個重要又有責任心的人，往後也會不斷努力，在想法和作為上都會力朝這個目標邁進。

在事實的表面下泅泳

人們改變強迫行為的做法各異其趣。統計數字顯示，百分之九十以上的戒菸者都是靠自己的力量辦到的，也就是說，他們沒有上戒菸課程，沒有接受治療，也沒有專家協助。其他少數人只有在認知到自己出了某方面的問題時，才開始接受輔導戒除癮頭。最廣為人知的戒癮課程就屬匿名戒酒會了，這個組織以「過好每一天」，來改變行為、念頭，以及生活的各層面。

匿名戒酒會最著名的是十二步驟療法，這種療法對其他許多上癮的強迫行為也具療效，所以也適用於匿名戒賭會（Gambler's Anonymous）、匿名戒毒會（Cocaine Anonymous）等主要靠團員本身力量戒癮的組織，就連對性行為及戀愛上癮的「匿名性愛成癮會」（Sex and Love Addicts Anonymous），也同樣具有治療效果。至於其他療法，則常須借助醫師或輔導人員的協助。

無論是想靠自己的力量、或借助專業來應付自己的強迫行為，都必須處理情緒背後的根本問題。這是一個顛撲不破的真理，也就是必須改變想法，並面對引發情緒的根源。想有效治療強迫行為，這兩種做法缺一不可。畢竟，當改變固有的思考模式時，必然會讓潛藏在情緒底層的肇因浮出枱面，這時就不得不面對自己長久以來的心結了。

以莎拉為例，她就必須面對童年受創的情緒問題，如果能成功解決，大有改變自己暴食惡習的機會。為了治癒痛苦的情緒創傷，莎拉找到觸發強迫暴食行為的三個情緒根源，分別是：羞慚、恐懼與憤怒。這些不良情緒很可能源自於負面的童年經歷，包括不受重視，曾受到言語暴力、性侵，或身體上的殘害；由於莎拉早年經歷了各種心靈創傷、失望、反覆受挫、被親人遺棄等不幸，導致後來這些情緒在人生中不斷浮現。

羞慚感是一種很可怕的想法和感受，不斷讓人相信自己是不好的、是無足輕重的。受虐注定會讓人產生羞慚感，尤其是性方面的侵害。兒童常會把一些辱罵內化成自我觀感，像是「你這麼壞，我才會教訓你」等等。一旦我們認為自己很壞，就很有理由做出暴飲暴食、吸菸、吸毒等危害自己的行為，因為這麼做畢竟只是在傷害一個壞蛋而已。這就像駕駛一部破舊的老爺車時，自然會認為再多一些刮痕也不算什麼。

恐懼感也會自然滋生某種強迫行為，因為我們必須藉之逃避眼前的可怕事物或處境。雖然我們經常需要恐懼感來提醒危險的逼近，可是如果可畏的人生境遇紛至沓來，這種情緒就會成為毒害身心的一種反應。如果我們認為自己很脆弱又能力不足，在面對人生處境時，必定會出現害怕焦慮的反應。

為了用健康的自信取代恐懼感，必須相信自己可以活出不一樣人生，人有可能改變自己的境遇。所以必須勇敢地面對長久以來的恐懼，逐一克服負面情緒。我們也應該袪除自我懷疑、自認能力不足，以及未來可能會是一場災難等種種負面想法。

憤怒更是產生強迫行為的重要根源。不少專家指出，酗酒行為之所以難以戒斷，憤怒的情緒正是最主要的肇因，也很容易引發心臟病、中風、憂鬱症及焦慮感。發怒的人常藉由改善心情的強迫行為來紓解憤恨。為了舒緩強烈的怒氣，只好經常逛街購物、看電視、聊八卦或過度運動，以暫時抒壓。此外，酗酒等強迫行為更會火上加油，讓人更加怒火中燒，難以自抑。

雖然強迫行為能提供短暫的撫慰，但長期而言，潛伏的強烈情緒仍會不斷浮現，成癮者也只好持續增強強迫行為的強度及頻率，以化解情緒。所以在這場江河日下的戰爭裡，成癮者注定會是輸家。有時情感的傷痕甚至會嚴重到連強迫行為也安撫不了，使你不得不正視潛伏情緒的存在。因此，我們必須把引發強迫行為的潛藏情緒找出來，好好處理。

比方說，瑪麗在戒菸時，發現自己一肚子火。這時她體會到其實到自己對丈夫怒氣沖天，而這種感覺不僅是她丈夫、就連她自己都沒有察覺，足足隱藏在繚繞的煙霧後長達三十五年！如今為了戒掉抽菸的惡習，她必須有計畫地去瞭解、表達及紓解自己的憤怒之情。只要能解決這種壓抑的情緒，她就不再會受困於負面的強制感受和念頭，或是抽菸等強迫性行為了。

接下來不妨練習一下以下的題目，藉以轉變習以為常的念頭和隨之而來的感受，最終目標是戒除長久以來的強迫行為。

練習題

第一章已告訴我們關於念頭、感受、想法及行為之間的關連性，也讓我們瞭解情緒會以各種形式影響個人生活。有些情緒能帶動我們往健康積極的方向前進，有些則會給我們極大的壓力，引導我們做出種種不明智的抉擇與決策。

練習1 調查一下

找幾個願意幫助你的親友，要求他們對你的一些不良習慣給予一些積極意見。

下列問題著重在三方面：以常看電視的不良習慣為例，有的親友可能不認為你常看電視是一種強迫行為，而認為它只是個不健康的習慣而已。有的親友則可能察覺到它是一種強迫行為，但親友多半會把你常看電視視為一種無害的動作而已。這份調查表能提醒你可能有些習慣需要做些調整了。

親友姓名

我的強迫行為

親友建議

親友姓名

我的不良習慣

親友建議

親友姓名

我需要調整的習慣

親友建議

練習 2 檢視強迫行為是否復發

本練習是為了幫助你檢視自己的念頭、情緒是否又導致強迫行為死灰復燃。你也許能成功地戒掉或緩和原本的強迫行為，可是一段時間之後，你又會找藉口讓積習故態復萌。下列表格會在關鍵時刻幫你把關，以免你失去了戒除惡習的決心，讓強迫行為捲土重來。

1. 你有什麼問題行為想要改變？

2. 請把自己心裡的正面自我對話內容寫出來，以幫助自己不再墮入負面行為。

3. 請把自己又陷入負面行為的那些狀況描述一下。

4. 原本你已完全戒絕舊習，後來卻又故態復萌，這期間究竟出了什麼問題？

5. 請把導致你故態復萌的誘因列出來，譬如哪些人、哪些地點，或是心理壓力、自我對話等，不要只注意這些情緒的負面影響，而要注意是否種下惡果。

6. 究竟是哪些情緒又引發舊習，令你重蹈覆轍？

7. 請把你討厭的行為所引發的後果列出來，再與你所想建立的新習慣比較一下。

練習 3

如何改變你的念頭

我們都知道，改變心念模式會是個很大的挑戰。多年來我們一直秉持著某種想法，如今想改變這種長久以來的思考模式，就必須賦予極大的專注力。除此之外，我們還需要多做練習。

下面我們設計了一些簡單的習題，方便你掌握自己錯誤的思考模式。希望這些題目能讓你發現負面思考與強迫行為之間的關連性，然後再讓自己適應正面思考方式以取代舊習。

只要經常練習，就會習慣成自然了。

情境

負面行為

負面內心思考

取代負面思考的正面思考模式

情境

負面行為

負面內心思考

取代負面思考的正面思考模式

情境

負面行為

負面內心思考

取代負面思考的正面思考模式

情境

負面行為

負面內心思考

取代負面思考的正面思考模式

練習 4

打破惡性循環的行為模式

你可能發展出一種重複性或強迫性的行為模式，以求暫時紓解負面感受。這種行為模式能減輕壓力，卻不能解決根本問題。

下面的練習可以中止負面念頭和強迫行為的惡性循環。一旦你察覺到這種下意識的念頭之後，就更能瞭解自己的思考模式，接著對自己身處的壓力情境也會更有覺察力，而不會只是做下意識的反應。只要把強迫性的念頭和行為記錄下來，或許就可以藉由提高覺察力來打破強迫行為的惡性循環模式了。

步驟一：利用一週的時間，把出現負面念頭的時間記錄下來，並記下隨之產生的強迫行為，以及其間逐步發展的過程。

步驟二：一週之後，增加抵制負面念頭的時間。此時的目標是延遲你對負面念頭的強迫性反應，以便最後能以預先想好的正面反應取代之。此時也許你還不能把負面念頭完全趕出腦外，但卻可以控制隨之而來的強迫行為了。

步驟三：每週都設法延長負面念頭與強迫行為之間的時間，直到你能很習慣於用正面行為做出反應，而不再出現強迫行為。

	負面念頭	強迫行為	取代做法	負面念頭	強迫行為	取代做法	負面念頭	強迫行為	取代做法	負面念頭	強迫行為	取代做法	負面念頭	強迫行為	取代做法
週日															
週一															
週二															
週三															
週四															
週五															
週六															

Chapter 3

每種行為背後都有某種目的，只是我們意想不到

我不會為我無法掌控的事情煩惱，因為既然無法掌握，煩惱也無濟於事。我也不會為我能掌控的事情煩惱，因為既然能掌控，還有什麼好煩惱的？

——美國職棒紐約洋基隊前球員米奇・里弗斯（Mickey Rivers）

煩惱生，信心滅；信心生，煩惱滅。

——無名氏

六十四歲的蘿絲一年前出現了一種怪毛病，就是會逛街購物。這本來是一種很普通的習慣，但購物的方式卻讓她很煩心，最後只好向醫生求援。她會花上好幾個鐘頭逛百貨公司，買上好幾千美元的衣物，只不過幾天後幾乎又全數退回給店家。

蘿絲明白自己的行為很不尋常，但仍不自覺地重蹈覆轍。雖然只瞭解病情不見得就能治癒，但她仍需先明白自己的行為是怎麼回事，才能著手解決問題。蘿絲的行為必定滿足了內在的某種需求，否則就不會陷得那麼深了。本章所揭示的真相是：人的行為背後必定有某種目的，只要找出這個目的，就能擺脫舊習，行事也就能展現出更真誠、更正面的態度。

像蘿絲這種異於常人的奇特購物行徑背後，究竟隱藏了什麼目的，稍後將會分析她的行為動機。現在先來看看下面的問題：

- 有個少女會用尖刀刺進自己的上手臂，看著血液緩緩滴下，其實這個部位的傷痕別人是不會注意到的。究竟這個十幾歲的女孩為什麼這麼做？
- 為什麼這個男人會拿著搖控器拚命轉台，每個節目卻都只看幾秒鐘而已？
- 為什麼一個做母親的明知嘮叨小孩會激怒他們，讓孩子產生挫折感，卻仍經常那麼做？

- 為什麼一個渴望愛與親密感的男人，卻會對身邊所有的親人都表現出若即若離的態度？
- 為什麼這個女人會把亡夫的骨灰罈藏在櫥櫃裡，每次都對著骨灰罈自言自語長達一個多鐘頭？
- 為什麼某個棒球選手多年來每次出賽時，都會把一件又髒又臭、從來沒洗過的T恤穿在球衣裡面？

上述每種行為都是為了滿足人們的某種需求而存在，即使看起來可能很怪異。比方說，很多年輕女性都會割傷自己，因為這種生理上的痛楚可以減輕心理的創傷。為了讓自己覺得對痛苦握有主控力，才會不惜選擇在某個時間、地點，以某種方式主動且一再地割傷自己，外在痛苦好似能淨化內心的感受，讓人有種紓解與釋放的快感。不能滿足需求的行為會自動消失，唯有能達到目的的行為才會一再上演。

其他行為就比較容易理解了。棒球選手會穿髒兮兮的T恤，因為對他來說那是幸運符。不停轉台能讓某些人覺得比較有勁，擺脫無聊感而感受到些許興奮。這些行為目的可能禁不起邏輯檢視，卻能滿足人們的真實需求，即使在旁人看來，這些其實是很不理性的做法。只要我們不一再強化這類行為，這些行為就會自動消失；但假如我們再三重複某種行為，再怪異都可以說得通，否則我們根本不會那麼做。不過，這並不表示我們多半能瞭解自己的行為究竟滿足了哪些特殊需求，畢竟一般人大都只知道自己非這麼做不可。

有目的之錯誤行為

以說謊為例，有時之所以會說謊，是因為害怕面對說真話的後果；有時情況則不同。美國麻薩諸塞大學（University of Massachusetts）心理學博士羅伯特．費德曼（Robert Feldman）曾說，「人們撒謊是為了自尊心。我們發現當人們覺得自尊心受到威脅時，會立馬撒起漫天大謊。」（摘自二〇〇六年《基礎及應用心理學期刊》〔*Journal of Basic and Applied Psychology*〕）。

我們的同事姬爾．史卡普里尼（Jill Scarpellini）醫師曾說過一個故事，可以看出說謊這種行為最早從哪個年齡開始，以及說謊的動機為何等。她說，有一天她走進兩歲大兒子大衛的房間，那時大衛自己一人在房裡才玩了五分鐘左右，就把童書和玩具散落滿地。姬爾看到原本整潔的屋子一下子變得亂糟糟，不免吃了一驚，「真是亂七八糟！」大衛聽到媽媽這麼說，看到了媽媽的眼神，身為心理治療師的姬爾還來不及問兒子：「你怎麼把屋子搞成這樣？」大衛就已經結結巴巴地擠出一個最好的回答：「是爺爺！」

其次是人們為什麼總愛聊八卦。因為聊八卦就是在背後講別人有趣或聳動的新聞，這麼做可以提高自己在小圈子裡的地位。正如瑪里昂．安德伍（Marion Underwood）博士在《少女間的群體攻擊》（*Social Aggression Among Girls*）一書中所指出，聊八卦也是「攻擊其他女孩卻不必面對社會制裁的一種有效行為」。

婚姻出軌除了追求生理上的快感以外，也有其他目的。雖然關於配偶出軌的統計數字十分懸殊，不過詹妮斯．可柏（Janice Cable）在二〇〇五年八／九月號的《科學》（*Science*）雜誌中曾發表一篇文章，題目是「欺騙的心——出軌：如何在事發前止步」（*Our Cheatin' Hearts —— Infidelity: How to Stop Before You Start*），文章中公布了有關婚姻出軌氾濫程度及原因的調查結果：二二%的已婚男性和一四%的已婚女性在一生的婚姻中，至少都有過一次外遇經驗。她在文中表示，「人們透過外遇來獲取無法從原親密關係中滿足的情感需求，包括親密感、關心、性誘惑等等。除此之外，情感背叛也可能出於苦悶、憤怒或迷惘等因素。這些理由男女都適用。」

佛洛伊德的學生阿弗列德．阿德勒（Alfred Adler）是舉世聞名的精神分析學者，他推斷兒童的不當行為不出下列四種原因：尋求關注、希望獲得掌控力或力量、為了報復，或顯示不足之處以博取關心。通常兒童都不會察覺到自己有這些行為目的，但是家長卻能清楚明瞭其動機，以做出最適當的反應。

眾所周知，就算親眼所見也不一定是事實真相。人的行為絕非偶然，行為所顯示的目的也是如此。正如兒童很可能因為渴望關愛，沒有察覺自己的行為就像個寵壞的小壞蛋；同樣的，成年人也可能不清楚自己之所以愛聊八卦，只是為了贏得同儕的重視。

至於蘿絲的行為動機為何？不斷購買東西又退貨的自毀行為究竟滿足了她的哪些需求？首先我們必須知道，蘿絲的丈夫最近拒絕與她有床笫關係，冷漠的態度使她極為痛苦，一心只想躲開他。為了避不見面，蘿絲大部分時間都不在家裡，大多去逛百貨公司瞎拼了。

她在店裡遇到好幾個親切的店員，有時一廝混就是好幾個鐘頭。每當試穿了滿意的衣物時，店員們的關注和讚美都能給她很大的安慰，讓她能克服因受丈夫排斥而產生的負面自我觀感。可惜一回到家，她就發現自己買了太多東西、也花了太多錢，而她既不需要那些衣服也花不起。結果只好趁那幾個店員不當班時，偷偷把大部分衣物退回去。

由於丈夫的排斥，蘿絲感到強烈的受拒斥和無用感。每當這種自卑情緒出現時，她就急著往能給予她讚美的百貨公司跑，以逃避丈夫和讓她不愉快的熟悉環境。靠著這種新培養出來的習慣，她才能再度逃避另一個痛苦的日子。

一旦瞭解蘿絲怪異行徑的深層原因，就知道回頭處理她與丈夫之間的關係才是最重要的。

逃避僅能逞一時之快

不少行為的隱藏目的都是為了逃避。逃避的確能暫時擺脫壓力。這也正是為什麼蘿絲會有這麼怪異的行為，因為這樣一來就可以暫時不去處理棘手的處境和不愉快的情緒了。可是逃避不能解決根本問題。蘿絲的逃避癮頭讓她不去處理婚姻衝突，夫妻問題自然無法解決。一再去百貨公司血拼，反而形成了衝突和逃避行為不斷循環的不健康模式。

蘿絲就算能為自己的行為找到一百種理由，譬如逛街能讓她走出戶外、認識一些新朋友、喜歡試穿美麗的衣服等等，但卻可能因此忽略了真正的行為動機，也就是逃避問題。也許我們都不習慣用這種方式思考自己的處境，所以仍經常開心地繼續做一些反射性行為，即使這些行為往往都很負面。除非認真深入地檢視自己的行為，否則很難察覺自己真正的目的竟是為了逃避現實。

也許一部分是因為逃避行為看起來根本不合常理，才會看不出那竟會是我們或他人處理眼前問題的動機。有個人曾詢問朋友能否提供工作機會，結果卻抱怨那個朋友一直沒回電話給他。他抱怨說，「我真搞不懂，回個電話給我，告訴我沒辦法提供我工作機會，難道這不是很普通的禮貌嗎？」禮貌？沒錯。很普通？不見得。那位朋友不想回電話，可能只是因為回絕別人是件很不舒服的事情。畢竟，誰想當個報告壞消息的信差呢？誰想澆別人冷水呢？只要是不舒服的事情，人人都想躲開。每個人都會選擇阻力最小之路，也就是人人都不想碰觸可怕、痛苦，甚至只是輕微不舒服的事情。所以男女分手總是拖之又拖，春季大掃除也是能免則免，結腸鏡檢查更是能逃則逃。逃避是最輕鬆的做法，大家寧願逃避，也不願觸碰不愉快的事情。

情緒背後的目的：捨不得放掉負面情緒

之所以會有某些怪異做法，有時是因為自己捨不得放掉某些情緒；不僅不捨得放掉好的情緒，像是愉快或自信；就連所謂的負面情緒也同樣緊抓不放，譬如激憤、痛苦、恐懼、憂慮、憤怒等。不願放下常是因為這些情緒在身心各方面都有其回報。

比方說，生氣或激憤雖然看似人人欲除之而後快的情緒，但這些情緒卻帶來了一些好處。萬一我們放下了所有的怒氣，就不得不為自己的幸福與成就負起百分之百的責任了。換言之，只要能抓住這些情緒不放，就不必為自己的不快樂負責，卻可把責任歸咎給其他人或其他組織。

例如，退役軍人戴夫認為當年在東南亞以及回美國後所受的待遇都不佳，所以即使退伍已經長達二十五年，還是認為自己是個受害者。其實他的憤怒是有目的的。因為他認為如果放下了憤怒，就等於原諒了國家對他的不公平對待，也就是從此必須認同美國政府了。

此外，戴夫不願放下怒氣還有一個原因，就是不肯為自己的幸福和成就負責，因為多年來他一直在孤立和受輕視的處境下沒沒無聞，毫無成就可言。當然，戴夫並不瞭解自己始終怒火中燒的根本原因，也不瞭解這種情緒的深層目的。對他來說，忿忿不平已經成了一種反射動作，是對社會不公而產生的合理反應。

人們會為了很多原因而執著於自己的壞脾氣，像是認為接受現實就表示認輸了。麥可就是這樣而與哥哥關係不和長達三十年。雖然早已不記得多年前為什麼會和哥哥吵架，可是他還是怒氣不減，因為原諒對方似乎就表示承認自己很軟弱，也代表哥哥是對的，自己是錯的。這種想法讓他始終無法與唯一尚在人世的家人和睦相處。怒氣滿足了麥可的某些需求，所以始終不讓怒火消除。此外，麥可也一直讓自己相信，他生氣是因為哥哥不好；他會不爽都是因為哥哥做錯了，所以也顧不得生氣的後果了。

放不下情緒的另一個原因是為了自我保護。一旦不生氣了，我們就會認為自己很容易受傷。珍妮的情形就是如此。她離過兩次婚，在兩次婚姻中丈夫都曾出軌。第一任丈夫外遇時她很火大，第二任丈夫偷腥時她更是火冒三丈，而且沖天的怒氣從來就沒有消減過。結果她有五年之久無法與男人建立親密關係，只要感情稍微進入狀況，她的怒氣和苦楚就會破壞了兩人之間的關係。換言之，珍妮寧願用怒火保護自己，也不肯再讓男人像兩個前夫那樣傷害她。

有目的的壞脾氣還有一個好處，就是讓自己握有掌控力，以便占盡上風。這是發怒極為常見的一種隱含目的。威爾森女士就是個很好的例子。威爾森女士常在課堂上對學生大吼大叫。她似乎很享受在美容科年輕學生犯錯時小題大作。學生覺得她簡直是把自己的快樂建立在學生的年輕無知上。威爾森女士沒有朋友，工作就是她的一切。小時候她曾遭人性侵，從此終身未婚，也從不准任何人親近她。她對遭受侵害的恐懼，讓她決心做個心懷怨懟與敵意的人。因為這種心態總是讓她占上風。身為老師，威爾森女士總是能高高在上，從受害者搖身變成了加害者。

我們一直把討論重點放在憤怒上，是因為這是大家最容易執著不放的一種負面情緒。其實人們所執著的負面情緒還有很多。

譬如迪妮絲就在痛失姊妹的傷痕中耽溺了十二年。因為手足死亡而哀痛逾恆，這本是很常見的健康反應。然而傷痛若影響情緒太深又持續太久，就表示其中隱涵了其他目的。迪妮絲就以為耽溺於悲情可以讓姊妹雖死猶生。她的內心深處認為，至少能以傷心的方式來紀念已逝的姊妹，又擔心若是任憑傷痛消失，與亡故姊妹的美好情感會就此斷了連繫。可是她卻不瞭解，緊緊抓住悲傷只會讓自己無法享有與其他親友的親密關係，也不能從任何嗜好中享受樂趣。她的傷感只有一個目的，就是抗拒已發生的事實，讓已故姊妹仍能長存人間。為了表示自己極在意這個姊妹，寧可永遠放棄快樂。

除了憤怒與悲傷之外，恐懼也會抓著人不放。本書第一章討論過，恐懼是提醒我們前面有危險或威脅的一種情緒狀態。只要接收到這些訊息，恐懼感即已達成任務，就不需再害怕了。但是很多人卻一直活在恐懼或焦慮之中，藉以逃避不愉快或可能威脅自尊心的情境。

然而逃避險惡卻會同時帶來兩種後果：雖然警報能立刻解除而鬆一口氣；但是以後再遇到同樣的狀況或刺激時，恐懼感反而會更強烈。比方說你很害怕搭乘飛機，某次有個朋友說有個你一直嚮往的地方有多麼好玩，邀你一起去旅遊。即使你極有興趣，卻只能藉口負擔不起旅費或不喜歡那個地方，回絕邀請。雖然害怕搭乘飛機看來很不理性，然而一旦回絕了朋友，你就可以大大鬆一口氣了。可是下一次面對飛行邀約時，會產生更大的恐懼感，為了接下來又能重享鬆一口氣的快感，你會選擇再度逃避。

執著於恐懼感或隨之產生的快感，只會使逃避行為愈發嚴重。第一次朋友邀你出遊時，可能還會覺得有點尷尬或遲疑，可是下一回找藉口拒絕朋友時，你說話的聲調和身體語言就自然多了。簡言之，你的逃避伎倆會益臻成熟，直到再也不想去解決自己的深層問題，因為逃避行為終於達到了目的——讓你能抓住恐懼這種負面情緒不放。只不過這麼一來，你就必須一直與恐懼焦慮為伍，這輩子也許都不會再有機會搭乘飛機，而且只要一想到飛行，就會嚇得你全身顫慄。

韓瑞塔一輩子都很害怕與別人互動。面對外界時，她總認為自己是個無用又不可愛的人，所以每次與人來往都會很畏縮。即使有社交機會出現（像是有人邀請她參加派對，或有男士對她表示興趣），她仍會躲進恐懼的外殼，逃避可能很有趣甚至很有意義的人際互動。

為什麼她會有這種反應？因為她擔心自己會受傷害、不受歡迎、丟臉，或出糗！最後她只好生活在恐懼之中，以便逃避任何危險的處境。恐懼成了她的一種自我保護方式，因此她就更深信自己既無能又不討人喜歡了。她偏執地認為，她的恐懼感是有道理的。

如果不解決這種恐懼感和其暗藏的目的，韓瑞塔可能永遠都培養不出良好的人際關係技巧，自然也就無法擁有正常的人際關係，也不懂得人際之間應有的份際了。不幸的是，她對親密關係的瞭解始終很有限。所以無論身心各方面，她都很可能不斷在人際關係中受傷，而這又會加深她的偏誤，認為外面的世界的確是個險惡的地方，必須盡量避免與人接觸。

人們也常抓著罪惡感不放，因為長久以來這種心理已證實是有好處的。罪惡感的作用本是提醒我們已違背了自己的道德觀，所以有罪惡感本來是件好事，畢竟一個沒有罪惡感的社會是危險的，一個反社會的人在殺了人之後可能毫無悔意。

然而，長期耽溺於罪惡感卻是一種自毀性行為。究竟抓著罪惡感不放有什麼好處呢？因為只要一直沉浸於罪惡感和隨之而來的羞愧感之中，我們就理所當然不必有作為，也不必面對挑戰或負起責任了。怪罪自己不好、別人虧欠了我、或自己能力不足，總比改變這些想法、面對應有的挑戰要容易多了。就像耽溺於憤怒情緒的人一樣，也有很多人寧願長期陷在罪惡感裡面，也不肯為自己的幸福與成就負責。

原生家庭也常是造成人們走不出罪惡感陰影的影響因素之一。如果與人相處已習慣性地會產生罪惡感，很可能是因為年幼時大人就教導我們要為別人的感受負責。於是從童年開始，我們就認為別人的反應完全是因自己的行為所引起。所以容易有罪惡感的人，通常自尊心較低，事情出錯也經常怪罪自己。結果終其一生，他們總是不斷責怪自己說：我真不爭氣；我總是犯錯；要是我當初沒做這件事或那件事，情況就會大不相同了。以為別人的不幸，都是我們的過錯。

這種誇張的錯覺所隱涵的目的，就是為了滿足對罪惡感的需求，因為一旦相信周遭發生的所有壞事都該由我們負責，罪惡感就永遠不會消失了。

停止煩惱——擺脫不了的習慣性憂慮

憂慮的隱藏目的又是什麼？誰會喜歡焦慮又失眠呢？很多人都會告訴你說，他們真的很討厭時時都得擔心，可又實在放心不下。心理學家羅伯特·李希（Robert Leahy）在《甩開憂慮》（*The Worry Cure: Seven Steps to Stopping Worrying*）一書中指出，美國有百分之三十八的人口都屬於慢性憂慮症患者。無論白天或夜晚，任何時候你問這些人說，「你在煩惱什麼？」他們總會給你某種答案，因為只要一睜開眼睛，他們總找得到一些可憂慮的事情。

其實我們大可控制自己的憂慮情緒。但是要知道，愛煩惱有個非常明顯的目的，就是能利用憂慮來與一些事情產生聯結，否則那些事情就會超越自己的掌控之外。似乎停止擔心，就等於放棄了掌控權。

大多數心理學家都瞭解，人們寧願掌控某種情況，也不肯承認自己完全無能為力。結果憂慮就成了一種不自覺的心理策略，讓我們覺得自己好像對完全無能為力的情況仍擁有一些影響力。做母親的在小孩收假後搭機返回學校時，經常會焦急地在家裡不停踱步，彷彿這樣就能確保孩子的飛行安全似的。如果放下這些不再操心，就不得不承認自己對這件事其實完全無能為力。所以這個母親寧可一邊看氣象預報，一邊守著電話等孩子的消息，腦子裡盡想著飛機出事的可怕畫面。等孩子平安返校後，馬上撥電話讓母親安心，這時擔憂不已的母親終於鬆了一口氣。

如果這個母親誠實審視自己，就會察覺對於自己一路擔心孩子安危到終於平安返回宿舍，其實頗有成就感。就是這種經驗讓她更喜歡瞎操心。下一回她無力掌控情勢，又希望能賦予一份心力時，就會再度上演瞎操心的肥皂劇。可見憂慮的行為顯然有一種回報：愈擔心某件事情，好像就愈能讓所擔心的結果不會發生似的。

其實憂慮是一種迷信行為。譬如有些足球迷一定要坐在某個固定的座位上，一定要帽沿朝後戴著同一頂帽子，然後每個週末下午準時入場為喜愛的球隊加油打氣。從理性上來說，他應該能發現自己的做法其實根本不可能影響比賽結果，但仍沉浸於自己能掌控賽情的幻想中，覺得能以某種神祕的方式幫助自己的球隊贏球。研究這位球迷從何時開始有這些迷信的固定儀式，也很有趣。幾年前，他的球隊本來輸了二十一分，終場卻神奇地反敗為勝，贏了那場球賽。當奇蹟發生時，球迷認為自己的座位是幸運號碼，反戴的帽子也是幸運帽，順勢強化了自己的迷信行為，以幫助球隊奪得佳績。

不過事實真相仍然不變，也就是那位球迷並不十分瞭解自己行為背後的目的。如果有人問他何以每週六觀賽時都這麼做，他可能會大笑著回答，這不過是一種很傻的迷信罷了；他也可能嚴肅地表示，雖然這些做法可能與球隊贏球沒多大關連，可是既然已連贏七場，又何必冒險改變這些小小的儀式呢。只不過他連自己都搞不清楚，其實這種出於憂慮戰果的小小儀式，確實讓他擁有一種有能力影響比賽結果的錯覺。

問題是這種出於憂慮的迷信做法，很可能變成一種極端的行為。比方說，山姆也是個運動迷，而且是個典型的激進足球迷。有一次看足球賽時，他喜歡的球隊在第三節被對方觸地得分，這時他妻子竟然笨到去上廁所。之所以說她笨，是因為球隊在她開始用浴室後竟然連著兩次觸地得分，讓她老公認為正是因為她去浴室，球隊才能反敗為勝，結果在球賽剩下的全部時間裡，他竟然一直把老婆鎖在浴室裡！

這個故事聽來好笑，但迷信儀式之嚴重可見一斑！因此，如果人們不瞭解自己行為的真正目的，經常會陷入各式各樣可悲的固定儀式中，簡直令人瞠目結舌；在最極端的情況下，甚至會毀掉極重要的親密關係。

喜歡自尋煩惱的人永遠都在瞎操心；就算生活中並沒有什麼可焦慮煩惱的事情，他們也會想一些出來，總認為只有自己才能真正解決某些問題，所以變得非得操心不可。美國兒童節目「芝麻街」（*Sesame Street*）中曾有一幕戲：伯特看到厄尼的耳朵上有一根香蕉，就問他，「為什麼你耳朵上放了一根香蕉？」厄尼回答說，「為了要趕走大象。」伯特又說，「可是這裡並沒有大象啊！」厄尼驕傲地表示，「你看，這一招很管用吧！」

就像恐懼、憤怒等棘手的情緒一樣，憂慮對行為的影響也很大，除非我們能找出憂慮背後真正的目的。為了不再憂心忡忡，我們必須承認自己對事情其實無能為力。甚至我們必須深信，無論事情發展得如何，到頭來一切終究都會沒事。也就是說，憂慮的最佳良藥就是信心。也許是對上帝有信心，或是對命運、對自己有信心等等。

一個有信心的人能瞭解：人不能主宰一切，所以就算擔心也無濟於事。也許有人相信這個世界的主人是上帝，我們的命運都在祂的主宰之下；也有人認為自己就有足夠的力量與命運討價還價；還有些人則相信那句古老的格言：「種瓜得瓜，種豆得豆。」只要我們行善，好運自然降臨；另有一些人則認為，事情失控了就是失控了，擔心又有何益？

你也許聽過下面這段寧靜祈禱文：「主啊，請賜予我寧靜的心，讓我接受不能改變的事實；賜予我勇氣，去改變我能改變的事情；賜予我智慧，以區分這二者的差別。」如果你總是想控制超乎控制之外的事情，就很可能陷入種種迷信的儀式之中無法自拔，以求取暫時的安心。

其實情緒健康的人也可能有各式各樣的煩惱與難題，但大家都能接受自己在某方面實在無法掌控情況、也無能為力，然後再找出一些可信仰的道路，以求取安心，並對世事有所理解。無論是祈求上帝指引，或相信自己有能力在棘手的處境中找到出路，基本上我們都很清楚自己究竟在做什麼、以及為什麼會這麼做。一旦對生命與人生遭遇有了某種見解，我們就能更瞭解自己的天命，也就不會憂心忡忡地一直想要解決種種艱難的問題了。

瞭解人生目的，從基本步驟做起

最近很多人都談論到人生目的的問題，意思是如果能找到人生在世的目的，生命就更圓滿也更有意義了。可是想找到天命需要走很長遠的路，必須經年累月付出心力去追尋。雖然目標崇高，如果能透過本書提供的這些偏重實務的小步驟，試圖瞭解自己的憤怒、焦慮、悲傷等情緒背後下所隱藏的目的時，就有更大的機會活出天命。只要能理解為什麼自己會抓狂似的大肆採購、年復一年沉浸在哀悼故人的悲傷之中，或對於自己無能為力的事情總是憂慮不已，我們就可能擁有更快樂充實的人生。

但要做到這一點，我們必須盡力理解自己從某些耽溺行為中究竟能得到什麼。這些行為能帶給我哪些好處？沉迷於某種負面情緒有什麼利益？為了找出答案，我們必須針對自己的恐懼感，自問幾個很嚴峻的問題：

- 如果你能從某種童年創傷中痊癒，你會擔心有什麼損失嗎？
- 如果你放下了長久以來對母親、離婚配偶、前公司合夥人等的忿怒之情，你會擔心出現什麼自己不喜歡的狀況嗎？
- 如果你終於把已故丈夫的衣物送給別人，你會擔心出現什麼不喜歡的後果嗎？

藉由瞭解自己的恐懼，才得以克服這種恐懼，進而擺脫種種自毀性的行為模式。藉由瞭解恐懼底層的非理性反應，我們才能明白隱藏在舊習之下的真正心理因素。下列練習題是為了幫助我們認清自己的所作所為，然後讓我們從改變思考著手，進而改變自己的種種不理性癮頭。

練習 1
為什麼你要做這些白費力氣的事？

為了充分利用本章所提的重要觀念，你必須找出自己的負面行為所真正隱含的目的。練習一能幫你理解，自己為什麼會做出有負面效果的怪異行為。不妨想想平時面對某種有壓力的處境時，你做何反應？接下來再試著回答下列幾個問題：

1. 面對有壓力的事件、人或處境時，你習慣如何處理？你會一再重複某種行為模式嗎？

2. 怎麼做才能紓解你被壓抑的情緒或感受（譬如焦慮感或罪惡感等）？

3. 你有哪些行為是別人曾提醒你該戒絕的不健康做法？

現在根據你確定自己所表現出來的一些負面行為，回答下列問題：

1. 這些行為的深層目的是什麼？

2. 當你表現出這些行為時，內心深處究竟在逃避什麼？

3. 你在哪裡學會這種負面做法的？

4. 你需要培養哪些做法（譬如果決、耐心、組織化、獨立性、信任感等），以取代原有的負面行為？

練習2

找出你的逃避病因

如果練習一不能幫助你找出自己的負面行為和隱藏的行為目的，不妨做做練習二的題目。要是你的上癮行為是為了逃避某種痛苦的話，就表示你的內心出現了某種問題。下列是人們經常會避開的五種情境；之後幾個題目也可以幫你檢查自己的病因。

- 與人對抗。
- 在情感上與人太親密。
- 讓別人知道自己的弱點。
- 承認自己的錯誤。
- 用負面的態度談論別人。

描述自己為了逃避以上某種情境而出現的固定反應模式：

1. 為了避開上述某種情境，你通常會說些什麼話？

2. 為了避開上述某種情境，你通常會採取什麼行動？

3. 為什麼你說的話或採取的做法，能幫你避開不愉快的處境？

練習 3 你最喜歡的負面情緒是什麼？

我們經常是為了承擔某種負面情緒而出現固定的行為模式，這些負面情緒包括：憤怒、恐懼、憂慮、激憤、苦痛等。試著回答下列問題，以瞭解究竟是哪種情緒讓自己產生負面行為。

憤怒

1. 你會每天因為某人或某種狀況而至少發一次脾氣嗎？

2. 你會在發過脾氣之後感覺很爽嗎？發脾氣會不會讓你有一種輕鬆或滿足感？

3. 你是否會把自己的怒氣合理化，而不深究發脾氣的原因？

4. 是否有人說過你脾氣很壞，需要多反省為什麼動不動就大發雷霆？

恐懼

1. 你會不會幾乎每天都對某些事情感到非常害怕？

2. 你是否覺得恐懼感雖然從某方面來說很嚇人，有時卻也是一種不錯的感覺？所以你會渴望擁有那種恐懼感嗎？

3. 你是否覺得自己有充分的理由感到害怕，而不曾深究自己如此恐懼的原因？

4. 是否有人因為關心你容易動怒的毛病，而提醒你動輒發怒會妨礙你做某些事情（譬如建立一段新的親密關係，或找個新工作）？

憂慮

1. 你認為自己是個杞人憂天型的人嗎？

2. 憂心忡忡會帶給你什麼感覺？你覺得操心多少對事情會有些幫助嗎？

3. 你經常表示如果不操心某件事，自己簡直就快抓狂了嗎？

4. 你的瞎操心會妨礙事情發展，還是有助於維繫某種關係？是否有人曾對你說，你實在太會擔心了？

激憤

1. 你內心經常覺得自己很不幸嗎？你會經常跟人訴苦說，自己目前的處境都是別人害的嗎？

2. 經常表達憤怒讓你覺得很爽嗎？你會經常對人抱怨，訴說別人曾經如何占你便宜，或始終不肯放過曾經傷害過你的人嗎？

3. 你經常相信自己大有理由生氣嗎？你是否經常認為事情的結果並不是你的錯，都要怪別人不瞭解你，要不然就該怪他們太惡劣或太愚蠢了？

4. 你的怒氣曾讓身邊的人對你退避三舍嗎？他們是否曾告訴你不能再以受害人自居，而必須對自己的人生負起責任？

痛苦

1. 你是否經常對人生感到遺憾，總覺得曾經做過錯誤的抉擇？

2. 上述這種苦楚的感受是否仍能予人一絲慰藉感？你是否不斷回味某件不幸的事情，以品嚐其中的苦澀滋味？

3. 你是否認為對事物感到苦楚，是一種相當合理的反應？你是否因為別人無法體會你的痛苦經驗而感到遺憾？

4. 你的痛苦感受是否多少讓你與世隔絕？你是否寧願沉浸於痛苦之中，而不願去找樂子或與外人接觸？

Chapter 4

除非能破除心理障礙，否則只會傷害自己

我們都看過別人一再做出對自己不利的行為，生活周遭總有某個朋友的所言所行經常得罪人，所犯的錯誤也總是如出一轍，讓你和別人感到困惑。也許你自己也像那位朋友一樣，曾做過一些負面又不理性的事。甚至就在你犯錯的當下，大腦的理性部分還會大聲提醒你：千萬別這麼做！這究竟是怎麼一回事？不妨看看下面麥克的例子：

大三時，我遇到一個令我極為動心的女孩蘇西。她可愛迷人，身材健美，完全符合我心目中對女友的期望。某個週五下午，我終於鼓起勇氣約蘇西，出乎意料的是，她居然答應了！我記得我們是兩對伴侶一起出遊，可是我無論如何都想不起另一對是誰了，因為我那天對蘇西簡直神魂顛倒！約會結束送她回宿舍時，我們又話別了一個半鐘頭。我敢說她對我也挺有意思。之後我返回自己的宿舍，與奮得飄飄欲仙，滿腦子都在想從此將與她長相廝守、共度此生。可是後來我卻一次也沒有再邀她出來！學期結束後，蘇西轉到其他大學，之後我就再也沒有見過她了。

為什麼麥克不去追求相信能帶給自己幸福的女子呢？如果你能瞭解人們心中可能存在的種種障礙，這看似不合理的行徑就不難理解了。

其實麥克的潛意識裡一直有個聲音迴盪：麥克，別再約她出去了。要是她拒絕你怎麼辨？或許她答應了你，你們相處得比前一次約會更愉快，最後她卻把你甩了，又怎麼辨？如果你配不上她，那如何是好？一想到這些就覺得可怕！正是遭到拒絕的可能性令麥克恐懼，潛意識的念頭阻止了他再約蘇西。不過在意識層面裡，麥克並不瞭解自己為什麼不打電話約她，更沒想到居然是內在障礙與畏懼，使自己喪失了幸福快樂的機會。雖然他很喜歡蘇西，但某部分的他似乎更喜歡逃避被拒的恐懼。

直到麥克接受心理治療時，才知道自己有心理障礙，也就是內心有種聲音想保護他避開迫在眉睫的威脅，導致產生逃避的慣性。他還發現內在聲音不只一次假自我保護之名成為他的行為障礙。事實上，心理障礙終其一生都將妨礙麥克追求自身最大的幸福。

正因為心理障礙是一種潛意識活動，麥克和大多數人才沒能察覺這種障礙和它所造成的傷害。為了運用本章所提出的觀念，必須讓這種障礙從暗湧的潛意識中浮出水面，以深入瞭解這種負面力量。

看似朋友，卻是敵人

為了掌握事實真相，必須先弄清楚自己的心理矛盾：雖然口頭上說想要某種東西，但行為卻顯示你想要的是別的東西。下面就是個很好的例子。

兩個辛苦工作的工人在忙碌的週一中午一起吃午餐便當。他們很快地打開便當盒，撕開包裹三明治的保鮮膜。接著工人甲瞄了一眼三明治裡塗抹的東西，嘆口氣說，「花生醬，我討厭花生醬！」工人乙看了他一眼，沒說什麼。週二吃午餐時，同一幕戲又上演了。工人甲看了一下麵包裡黏答答的東西後抱怨著，「又是花生醬！」然後嚷著說，「我最恨花生醬了！」工人乙仍保持沉默。星期三中午，這兩名工人又一起進餐。工人甲還是興沖沖地撕開保鮮膜，小心舉起三明治看看內餡。「怎麼又是花生醬！」他用手搥著餐桌，大喊說，「我痛恨花生醬！」這時連看三天同一齣戲的夥伴終於忍不住開口，「我知道自己不該多管閒事，可是為什麼不請你老婆做做其他口味的三明治呢？」這時工人甲卻瞪了夥伴一眼，對他說，「你別亂說好嗎，午餐是我自己做的，不關我老婆的事！」

內心障礙通常是為了自我保護而生出的一種心態。故事裡的工人甲很可能根本不敢改變例行的午餐方式。即使他連想到再吃一餐花生醬三明治都難以忍受，但因為某種恐懼感，讓他寧願這麼做，也不肯改吃鮪魚沙拉、煙燻火雞肉或其他種類的三明治。此外，他的心理障礙甚至會假裝成對他最有利的做法，讓他覺得自己能逃開某種可怕的事物。

人們經常會抓住可能造成心理障礙的各種恐懼感，像是怕受到排擠、唯恐失敗、畏懼成功、害怕親密關係、擔心失控等。我們會利用這些心態來逃避自己認為最恐懼的某些情況。每當我們欠缺處理人生重大事件或人際關係的自信時，各種障礙就會襲上心頭。以麥克為例，接受心理治療後他才終於明白，如果只是害怕蘇西不肯答應第二次約會，其實還不足以引發心理障礙。他內心更深更大的恐懼，是害怕自己配不上這麼美麗動人的女孩。他認為對方終會發現這一點而離開他。內在恐懼感寧願說服他不要再與蘇西約會，也不肯冒有朝一日會被她甩掉的風險。

恐懼失敗並不是產生心理障礙的唯一原因。以蘿拉為例，高中時原本是排球好手的她，卻在高三出現了某種心理障礙。由於她一直對排球充滿熱情，所以在高二的年度運動大會贏得了「最有價值球員」。本來她為此深感榮耀與興奮，直到感受到最佳球員榮銜的心理壓力時，她馬上被自己為此頭銜所設定的標準壓得喘不過氣來。結果從高三一開始，她就自認不配當個最佳球員，而且把球隊表現退步的責任全都攬在自己身上。蘿拉回顧這段記憶時表示，「從此我再也無法自信滿滿地打球了。我對自己在球場上所犯的錯誤了然於胸，變得無法與隊友配合無間。很快的我就被請出球場，整個高三只能坐在冷板凳上，看著球技不如我的隊員代替我的位置，在場上飛奔打球。」

我接觸過很多案例都像蘿拉一樣，害怕成功甚於失敗，因為成功的壓力令人喘不過氣來。他們會擔心：要是我讓大家失望了怎麼辦？要是我無法再贏得最佳球員獎該如何是好？以蘿拉的例子來說，她最害怕的是達不到預期目標，無法再當上最有價值的球員。結果為了逃避充滿壓力的處境，蘿拉只好退避三舍。心理障礙於是成為最便捷的逃生之路。

此外，根據哈佛大學精神病學家喬治．維利安特（George Valiant）博士的說法，正面情緒往往比負面情緒更容易帶給人們傷害，因為前者經常讓我們毫無防備地受到拒斥、經歷失敗、面對心碎的命運。

維利安特並講述了下面的故事。曾經有個醫生和心愛的老婆即將從他的診所退休。為了幫他過七十歲壽辰，他老婆拿了患者資料，偷偷寫信給很多老交情的病患，希望他們能寫封感謝函給老醫生。之後她收到「上百封感激之情溢於言表的信函，而且大都附有患者相片」，並把這些信放在一個美麗的盒子裡，再用泰國絲綢包紮起來，當成生日禮物送給他。八年後有一天，當維利安特博士前去拜訪他時，老醫生把信盒從櫥櫃上取下來，淚眼婆娑地說道，「喬治，我不知道你的看法如何，但我始終沒有勇氣把這些信打開來看。」對此，維利安特博士的結論是，「大多數人都很難接受被愛的感受。」

羅伯特也是這種人。他曾有過一次痛苦的離婚經驗，之後長達十五年的時間裡，一次又一次搞砸自己的親密關係，直到某次在一個場合中，他終於承認說，「我想，我終於瞭解為什麼會和那麼多女人鬧翻了。只要一察覺對方愛上了我，我就會找個理由逃離她們，以免自己受到傷害。真的很奇怪，明明一直想要有人愛我，可是只要一有人表態，我就會馬上跟她鬧翻，以為這樣就沒有人能傷害我了。」

人們的心理障礙可說花樣百出。以戴夫為例，他就會想盡辦法避免冒險，即使腦子裡的點子再了不起，也始終無法轉變成了不起的生意。然而戴夫的朋友對於他精準的判斷力都佩服得五體投地。對於社會及經濟趨勢，他的眼光一向準確，所以朋友都很喜歡把自己的工作目標和事業計畫交給戴夫做評估，他的認可和祝福總能激勵朋友的信心，在奮勇向前的道路上適時地推朋友一把。

但諷刺的是，戴夫的一生卻沒有多大成就；他天賦極高，卻缺乏建樹。並不是他的點子不夠好或計畫不成功，而是他從不肯冒險投資在自己的夢想上，才會沒有什麼成就。他的建議和指引對別人都很管用，但所有的跡象都顯示，戴夫是因為太害怕財務上的災難或損失，才始終無法成事。

追究其原因，大概是因為戴夫在早年成長期間，經常遭繼父無情的批評，罵他是「沒用的人」或「孬種」，有時還會破口大罵：「你這輩子注定一事無成！」繼父的斥責和輕蔑深深傷了戴夫的心，從此他便有了心理障礙。其實沒有哪個小孩是沒用的人，可是只要戴夫一犯錯（每個小孩都會犯錯），他就認為自己真的就是繼父口中所說的那種人。

內心深藏的自毀性想法和種種心理障礙，造成日後的戴夫總是害怕失敗。他始終相信無論自己再怎麼努力，都沒有用。所以只要不努力，至少不必面對失敗的後果，卻也日漸累積一事無成的負面感受。「我知道只要我嘗試，就注定會失敗，所以我不會嘗試去做任何事情，這樣我頂多只是個沒有成就的人而已。」結果就是，心理障礙果真促成了他注定會失敗的預言。

心理障礙難以察覺，要防範其破壞性力量

心理障礙不僅會困擾沒有成就的人而已。事實上，它也會妨礙有成就的人。這聽起來似乎不太合理，但要知道人很難擺脫心理因素的影響。一個在事業或婚姻表現良好的人，遠比表現不佳的人更擔心未來可能面對的失敗。這可不代表人們都該追求平庸，只不過心理障礙可能在不知不覺中阻礙我們的努力，必須小心防範。

凱莉有個很美好的婚姻、兩名子女（一個一歲、一個三歲），也是個很成功的企業主管，可是卻與朋友、三個手足、她的母親幾乎斷絕了聯繫，因為她把所有的空閒時間都花在玩電腦遊戲上了，就連上班時她都這麼做。她曾經在玩電腦時被老闆逮到，當時老闆警告她不准再玩了。雖然凱莉玩電腦遊戲已經好多年，可是在她生了孩子、又升遷到更需要利用電腦交涉業務的主管職位之後，簡直變本加厲地玩上了癮。

其實這正是心理障礙搞的鬼，唯有這樣，她才能逃避客戶可能來電辱罵她的非理性恐懼感。這種心理障礙的根源要追溯到她四歲時，當時凱莉家與鄰居共用一支電話，有一次她才拿起話筒，對方就大聲咆哮，並用粗話辱罵她。這件事在凱莉心裡造成創傷，形成一

種心理障礙，迫使她花費大量時間沉浸在電腦遊戲，以保護自己不再受到電話屈辱。藉由玩電腦遊戲，她可以逃避接電話。如果有人抱怨她從來不回電，她就藉口說，自從接了新業務後變得很忙，要不就說兩個幼兒讓她分身乏術。在凱莉的意識層面，她當真認為自己鮮少打電話是因為上述原因，但其實是心理障礙讓她猛玩電腦而不肯回電，誤以為這麼做才能確保她不受屈辱。

藍帝的例子也很類似。他在好幾家創投公司都有不錯的表現，一心想要成為一個堅毅的領導者。然而他的心理障礙卻在這時不知不覺地發作了，讓他毫無招架之力。從小藍帝就是個沒自信的小孩。在求學過程中，又遭到一名神父性侵。遭受男性性侵的強大羞恥感讓藍帝對自己的男子氣概毫無信心。那位神父還在藍帝十一歲時就嘲笑他的性器官太小，他幾乎被羞愧、柔弱及性無能的自我觀感給壓垮了，因此他總是愛逞強耍狠，藉以博得眾人的矚目。他總是喜歡和一大群男人混在一起，讓自己覺得很有男子氣概。可是只要和女性相處，他就會表現得很懦弱無能，老是擔心女人會嘲笑羞辱他。他的心理障礙導致他與所有接觸過的女性都無法建立良好關係。

藍帝雖很想在公司或人際關係上至少擁有短暫佳績，卻總是很快就被心理障礙打敗了。原本大有機會在公司坐上高位，卻因為害怕在公眾面前演講而拒絕升遷，心理障礙作祟之下，讓他總覺得一上台就形同在眾人面前赤身裸體而羞愧萬分。

藍帝有個很棒的老婆和三個子女，卻不斷鬧出緋聞，即使他自認其實對那些女人並沒有多大興趣，那種心態只像在隱隱期待外遇事件曝光，以便搞砸他的美滿婚姻似的。任何人生成就都會讓藍帝膽戰心驚，內心深處的羞慚感總讓他自認只能當個失敗者。他的人生宛如一場自我鬥爭──一方面想克服性侵的後遺症，一方面卻又任由心理障礙讓他始終充滿羞愧感又自覺缺乏男子氣概。

由上述例子可以得知，內心衝突竟然能讓心理障礙如此猖狂，以各式各樣的方式來破壞人的善念、工作成就、人際關係，以及人生中任何重大事件。心理障礙以人們早年的創傷為養分，並擅長利用最深處的恐懼感，促使大家以各種途徑逃避。

當聽到內心深處迴盪永無止境的相同訊息時，就知道這必定是心理障礙在作祟了。譬如，丹妮斯的內心聲音是，「你是個既壞又沒用的人。」內心障礙不斷喚醒她不悅的過往經驗。

丹妮斯有一段維繫了二十年的戀情，對方是個飛行員，每個月都會飛抵城裡與她約會。那位飛行員是個有婦之夫，她則未婚。雖然這段婚外情長達十幾年，但她始終認為自己錯了，充滿罪惡感且不斷自責（「我是個壞人」）。要不是這段出軌的戀情總是帶給她一股罪惡感，或許早就奮力掙脫，自在地再戀愛一回。可是她既不認為自己有任何天生的魅力，也不相信有能力帶給男人快樂，滿心害怕自己無法成功地建立另一段親密關係。

結果，竟是她對親密關係的恐懼感，讓她總是在心理障礙中尋求庇護。心理障礙也利用這份恐懼感讓她遠離真正的親密關係，提醒她這段關係是多麼的錯誤，自己又是個多麼差勁的女人。如果丹妮斯真的讓自己與某人建立了認真的新關係，她自認一定會搞砸，屆時定會讓她陷入萬劫不復的境地。

個人障礙的各種巧妙伎倆

我們經常會很聰明地設法不讓自己找到人生目標或幸福，甚至不得不擅長此道。大多數人傾向不自覺的自虐，不肯承認是自己故意搞砸了自己的人生。從表面上來看，自毀的行為都言之有理。我們會找盡理由不去做對自己有利的事情，也就是為了護衛自己的心理障礙而編織各種精采的藉口。

以下這個極端的例子能幫助我們瞭解：為了隱藏心理障礙所產生自毀行為的真相，人們必須走多麼漫長的迂迴路。雪麗罹患了「解離性人格症」（dissociative identity disorder），亦即俗稱的多重人格。她有某種心理障礙，可是自己並不知道這種心理障礙導致她做了哪些事情，因為那些事情都是她戴著另一種人格面具做出來的。雪麗抱怨自己就連最簡單的事都做不來，像是把碗盤從洗碗機裡取出來，或是幫女兒準備上學等多年來熟悉的生活瑣事，突然之間都不會做了。她還表示說，因為缺乏行動力，現在連去辦公室辦事情都欲振乏力，甚至她本人都感到非常訝異。

為了瞭解雪麗的多重人格中是否有某個「她」明白究竟出了什麼事，她的人格之一表示，「是的，我明白。這正是我們對她做的事。阻礙她的行動，是因為擔心她的憤怒會釀成大禍。如果她的行動力一如往常，她很可能會殺了她父親（多年來他一直對她性侵）。現在既然她連最簡單的事情都做不來，對任何人來說就都沒有危險性了。」雪麗聽到這個分裂人格說的話之後，回答說，「好吧，我懂了。以後我不會槍殺任何人的。」雪麗察覺到自己的心理障礙之後，喪失行動力的症狀不藥而癒。一旦她能正面處理自己的憤怒情緒，就不再仰賴心理障礙來遠離危險了。

雖然大多數讀者都不是多重人格病患，我們仍透過這個極端案例引導你看出心理障礙對人們行為的掌控力有多麼嚴密，除非意識到它的存在，才能解決根本問題。心理障礙就像是你的良知，只不過它並不會指引你做對的事情，反而會阻止你去做自己恐懼的事。唯有覺察到心理障礙的存在，也就是必須意識到自己總會做一些對自身不利的事情，才能徹底擺脫心理障礙對行為的影響力。

恐懼並不是唯一會讓心理障礙介入行為的情緒伎倆。有些人有心理障礙是因為忿忿不平或桀驁不馴。比方說，辛蒂就因為丈夫傑夫認為她太肥胖而感到憤恨不滿。雖然辛蒂一再試著減肥，但她的節食計畫和其他減重策略都宣告失敗。傑夫是個摩托車賽車和徒步旅行的狂熱愛好者，他一直很希望辛蒂能一起參與這些活動，但是很擔心她的體重一直上升會讓她無法從事，只好不斷指責辛蒂必須趕緊減肥。他沒留心自己對妻子的負面批評，也完全沒有給予減肥的正面鼓勵。相反的，他只會無情地要求辛蒂。辛蒂認為他的做法尖酸刻薄，因為她總是聽到他說，「你今天去健身房了嗎？你真的還要吃那樣東西嗎？你知道那些東西有多少熱量嗎？」這些話全都是想引起辛蒂的罪惡感，以控制她的口腹之慾。

辛蒂對傑夫想控制她的做法既抗拒又氣憤，可是只要她想抗拒傑夫的控制，就不可能減肥成功。這是什麼緣故？因為若真的減肥成功，感覺上就像背叛自己而屈服於傑夫的控制之下，而不管是背叛自己或屈從他人，感覺都很不好。所以辛蒂才會下意識地阻礙自己減肥。她總是飲食過量，原本自己想上的運動課卻經常逃課。另一方面，有時她認真減少了一兩公斤，傑夫卻說，「不錯，可是還要再減十五公斤才行！」或是「你看，並沒有那麼困難，不是嗎？幾年前就該辦到的！」她聽了簡直暴跳如雷！

這就是一種惡性循環：辛蒂一方面覺得被控制而忿忿不平，一方面又發誓要好好減重。可是若減輕了幾公斤，傑夫就會嘮嘮叨叨，讓她焦躁不安；若又復胖了幾公斤，傑夫更會嘮叨個不停，逼得她不得不為自己的殺夫衝動去看心理治療師。諷刺的是，辛蒂對傑夫的叛逆之情，最後竟成為自己的減肥障礙，這簡直就像在自己臉上打一巴掌之後說道，

「你看，我就是要這樣！」顯然辛蒂的心理障礙造成了這種諷刺的局面。也就是說，她對丈夫的叛逆幾乎成了愈來愈胖的一種保證。

為什麼辛蒂會看不出自己的心結讓她很難減重呢？正如本書上一章所提的真相所言，所有的行為都有其目的。傑夫會不斷嘮叨辛蒂，是因為這樣他就以為辛蒂仍在掌控之下，而放棄叨唸則會讓他覺得對辛蒂的過重完全無能為力了（這正是他不願看清的事實）。不想讓辛蒂認為他已接受她過重的事，也擔心若不嘮叨，辛蒂就會以為自己即使過重也沒關係。傑夫的所作所為，其實都是為了讓自己覺得在幫忙解決問題。

辛蒂則因為痛恨傑夫對她的控制和批評，唯有反叛，才能讓她覺得對傑夫還有一些抵抗力。不僅如此，藉著阻礙自己達成減肥目標，還能逃避其他嚴重問題，包括她與傑夫之間的關係並不美滿，她還有一些尚未治癒的童年創傷等。眾所周知，逃避能讓人暫時得到紓解，逃避不愉快其實很符合人的天性。所以即使傑夫和辛蒂都很討厭這樣，她仍在逃避面對種種問題，不斷用食物撫慰自己，放任自己超重。

叛逆和憤恨讓我們做出對自己不利的事情。三十歲的麥可是個藥物上癮者，他對母親過度控制他戒毒的做法非常生氣，一心想再度濫用藥物，給母親一點顏色看看。安姬是個十八歲的女孩，父親傳統的義大利管教方式讓她很憤怒，還逼她念大學，她決定反抗父親，所以從高中退學。

心理障礙總是披著憤怒、叛逆、恐懼的外衣，我們該怎樣去控制它呢？最好的做法就是去瞭解並處理心結，而不是去抵制它。這樣一來，反而能充分利用負面動力。

六種控制心理障礙的步驟

下面的做法可以幫助你用智慧戰勝心理障礙，而不必詆毀這種心結。要知道心理障礙是為了保護自己，經常有足夠的智謀和動力來達到其目的。你應該保持這種正面力量，引導它走向好的目標。以下六步驟就是為此而設計的。

1. 擁抱負面情緒

心理障礙就像校園裡保護你躲開小混混的老大哥，既是你的好友也是你的保護者，並不需要徹底剷除。其實保護我們遠離可怕事物的衝動，是人類的一種求生本能，可說是一種很好的力量。然而有時心理障礙卻與我們的人格和需求背道而馳，所以你必須讓心理障礙回歸到人格特質。換言之，你應該擁抱心理障礙的自我保護作用，但仍需分清楚哪些內心恐懼是真實的，哪些只是出於想像而已。

由於心理障礙經常是主導行為的力量，所以在人生大事上必須予以信賴，一方面擁抱它，一方面也要認知這股力量很可能讓你做出不利自己的事情；有了以上覺悟，定能保障你不受想保護你的心理障礙給誤導。

2. 解決內心問題

必須先弄清楚心理障礙究竟在對抗哪些事情。你在恐懼什麼？你究竟是害怕自己成為怎樣的人？如果害怕失敗，就該搞清楚是什麼因素讓你如此恐懼？試想，如果你是上述的藍帝，試圖保護你的心理障礙則來自童年受到性侵的創傷經驗。接著，思考一下自己的價值觀，也就是希望自己成為一個怎樣的人。不要被自毀行為擊垮了，認清自己正處於恐懼、憤怒、叛逆的情緒中，並確實找出自己恐懼、憤怒、叛逆的原因。一旦下定決心解決，心理障礙就會消失無蹤。

3. 調適並做改變

接下來你就不能再採取和從前一樣的行為模式了。認清了產生心理障礙的原因及其伎倆，就必須很實際地面對內在的問題，並決定該如何修正自己的作為。面對真實的自己是很重要的，即使這麼做會傷透了心也在所不惜。比方說，如果你是因為害怕親密感而不敢追求親密關係，就要找出害怕親密感的原因，是不是因為自認不懂得如何與人親近？找出原因之後，必須學習如何因應。逃避只會加深恐懼感。

此外，你也必須瞭解，即使嘗試調整行為並採取新做法，你仍有可能失敗。譬如你害怕親密關係，但仍設法追求自己真正喜歡的對象，之後她卻拒絕了你。其實失敗是一種很重要的經驗（即使被拒的當下並不會這樣覺得），畢竟沒有失敗，人就很難成長。反省失敗原因並從中汲取教訓，這就是智慧的來源。

籃球名將麥可・喬丹（Michael Jordan）曾在一支廣告片中坦承，在他的職籃生涯中，總共漏接了九千個球。其中有二十七次發生在球賽結束前幾秒，球隊終告落敗。雖然喬丹是舉世公認運動史上最偉大的籃球明星，他還是承認自己的成就其實來自不斷的失敗經驗，以及想克服失敗的種種努力。正因為他能適時調整過去的做法，才能一再超越自我，屢創佳績。

4. 擬定行動計畫

以上三個步驟是要你擁抱自己的恐懼感，然後釋放它，所以你應該以此態度為基礎，擬定一個改變行為的計畫。但要留意，如果你僅是象徵性的做做樣子，擬出的計畫縱然不會令你備感壓力，卻也沒有任何助益。

蘇珊・傑佛斯（Susan Feffers）曾經寫過一本書，書名直譯為《擁抱恐懼，但仍放手去做》(*Feel the Fear and Do It Anyway*)(中文書名譯為《恐懼Out：想法改變，人生就會跟著變》)，我們的行動計畫就該以此書名為藍本。其實恐懼就像人類的所有情緒一樣，只是由感覺引起。如果你感覺某件事既危險又具威脅性，別擔心，大可放膽去感受，但要記得適時放掉它，不受其牽制，進而改變自己對於恐懼事物的想法。

你也必須確定擬定的計畫能讓你避開大難臨頭的恐懼感，也就是不再覺得這事糟透了、很恐怖，彷彿災難就要降臨。心理障礙經常會助長負面想法，帶來極大的恐懼感，讓你為了逃避這種恐懼而做出不利於自己的行為。所以你的行動計畫應該要問「事情最壞的結果會是什麼？」，而不要一味地認為天就快要塌下來了。

5. 實際採取行動

有計畫卻不執行，跟沒計畫一樣，所以要努力貫徹自己的行動計畫。在貫徹計畫時，一定要把心理因素包括在內，千萬不要忽視。相反的，在開始嘗試新行為模式時，必須去除心裡負面聲音的影響力。

例如，史蒂夫是個非常沒有自信的專利領域律師，心理障礙讓他無法嘗試任何新事物或做任何冒險，在專業方面尤其如此。

他一部分的計畫仍然希望保留心理層面的安全感，但自己的做法卻必須改變。他決心不再像以往一樣，總是在心裡嘀咕自己不夠聰明，注定是個沒有成就的失敗者。相反的，他想要在冒險行事之前、當時，以及之後，都不斷強化自己的正面自我形像，改用這種新方式來保護自己。

在此同時，史蒂夫也希望自己不要用非黑即白的眼光來評斷新做法，換言之，他明白自己踏出去嘗試新事物之後，有時難免失敗。他要求自己心裡的聲音不要把失敗一律視為愚蠢的錯誤，反而是邁向最後成功的必經學習過程。

結果，當史蒂夫開始力行計畫後，他發現心裡的聲音不再是一種內在折磨，而是個有積極力量的好友。

他終於把內心的熱情、活力和自我保護的天性整合在一起，而不是聽任其擺布或正面與之對抗。

6. 奮發改變自己

最後的這個步驟是要下決心朝積極的方向去做，即使事情出錯也在所不惜。積極的態度讓人就算面對挫折，也不會因心理因素而受到傷害。

通常人們在進行一個新人生計畫時，都會遇到挫折，然後誇大其負面結果。你可能數學考不好，但這算不上是一種失敗。也許你只是還不夠用功，或這次的考題出得太難。積極又實際的觀點通常能擊敗心理障礙。只要認清自己很能幹、聰明，又有足夠的勇氣去冒險，在事情不順時也有足夠的毅力堅持不輟，也就不會因心理障礙而做出自毀性行為了。

要使用因應句型（coping statements）來振奮自己，像是：「就算這場比賽輸了，我也撐得住」，或是「就算我們的努力公司並不領情，也不是什麼大不了的事」，或「不管我心儀的對象喜不喜歡我，我都是個迷人又值得別人喜愛的女性」等想法，對你都很有幫助。

要記住，最重要的不在於事情本身，而在於你對事情的看法。你的神經系統只會對你的信念或看法產生反應，與客觀事實並沒有關係。

障礙有時與工作有關，有時則是與談戀愛或家庭方面有關，其實你自己心裡有數。而當心理障礙放肆作祟時，以上六個步驟就派上用場了。

雖然剛開始這六個步驟可能不太上手，可是很快就會習慣了。

一旦知道這些做法能支持你做些冒險行為，讓你不再像以往一樣經常搬磚頭砸自己的腳，你就會很樂於讓上述六步驟成為生活裡的例行公事。

下面的練習題能幫助你以正面方式處理自我傷害的心理問題。

練習 1

認清心理障礙的慣伎

下列題目能幫你認清自己心理障礙的運作手法。認清的過程非常重要，對心理障礙瞭解愈多，就愈能掌控它。在每個問題後面，我們都列出了幾個可能的反應，讓你能找出自己的反應模式。

1. 你的心理問題對你的哪方面形成障礙？

□達成工作目標
□滿足親密關係的需求
□維持或建立新友誼
□積極利用時間
□輕鬆地從事休閒活動
□讓自己的經濟狀況更有保障
□其他________

2. 你的心理障礙會在什麼情況下出現？

- [ ] 當我處於極大的壓力之下時。
- [ ] 當我就快要達成某項重要人生目標時。
- [ ] 當我對自己感覺很滿意時。
- [ ] 當我對某件事很生氣時。
- [ ] 其他 ______

3. 你究竟害怕什麼？這種恐懼感讓你覺得自己遇到害怕的事會有什麼反應？

- [ ] 我害怕認真的親密關係；這種恐懼讓我擔心萬一關係告吹，我會一蹶不振。
- [ ] 我害怕事業成功；因為恐懼感告訴我，如果找到理想的工作，我很可能搞砸它。
- [ ] 我害怕對別人負責，無論是對配偶、子女，還是員工；我怕自己無法擔當這種責任。
- [ ] 其他 ______

4. 如果沒有心理障礙這一層保護膜，你會擔心什麼事情？

- [ ] 我擔心會與伴侶的關係更親近。

- □我擔心可能獲得升遷。
- □我擔心自己會搬到夢想已久的地方去住。
- □我擔心自己會當上主管。
- □我擔心自己會減肥成功。
- □其他 ____________

5. 這種憂慮感從何而來？

- □童年時父母對我的一些言行所造成的影響。
- □來自與家庭無關的某種童年創傷經驗。
- □一次失敗的成人關係。
- □一次工作上的慘痛經驗。
- □其他 ____________

練習2

你害怕發生的最壞狀況是什麼？

因為你害怕發生某些情況，心裡才會出現負面的聲音。你一直把輕微不舒服或不快樂的情況想成大災難了。練習二的目的就是為了幫助你面對可能發生的最壞狀況，並認清其實不會像你想像的那樣可怕。

1. 想像你最害怕的事情，並描繪出你一直恐懼發生的最壞結果：

2. 這種最糟的狀況曾經發生過嗎？描述一下因為你的恐懼曾經發生過什麼狀況。跟你想像的最壞結果差距有多大？

3. 現在想像一下最壞的結果真的發生了，然後想出三種可以把傷害減至最低的做法。再寫出三種可能採取的行動，以幫助你從那種糟糕狀況下重新站立起來。

練習 3

六個步驟

做過前面幾個練習之後，如今你已經可以把本章提出的六個步驟付諸實行了。現在你對自己內心恐懼的原因已經很清楚，也已知道其實你所害怕的情況可能不如想像那麼嚴重。有了這些認知做基礎，即可進行下列各步驟：

1. 擁抱負面情緒：清楚寫下你認為內心恐懼是以何種方式來保護你，以及自己一再重蹈覆轍的行為模式；要確定你很瞭解那種心理障礙其實是為你著想；試著去瞭解內心恐懼真正的動機是為了你好，不要急著去除這種內在感受。

2. 解決內心問題：你必須解決表面上為了你的利益而產生的負面情緒，包括恐懼、激憤、叛逆等，然後把它們轉變成對你真正有益的內在聲音，幫助你改變過去的習性，轉化成全新的行為、思想或感覺。

3. 調適並做改變：內心障礙讓你瞭解自己其實有能力改變，也能承擔失敗的風險。以下至少試著列出兩種方式，以改善自己的行為。

4. 擬定行動計畫：擬定一個改變內在負面想法的計畫。此計畫必須是一系列有效改變心理障礙的簡易行動規畫，以免本意是為了保護你遠離恐懼的心理障礙，卻反而害了你。所以想想看，當最害怕的情境發生時，你計劃以怎樣的新做法、想法或感受來因應？找出一些替代性做法，以免仍像過去一樣受到傷害。

5. 實際採取行動：在特定的時間、地點或情況下，努力把上述計畫付諸實行。在下列空格中，寫下你決心於下次心理障礙出現時，一定要改變自己的反應模式。譬如，「下次我遇到喜歡的對象卻又想打退堂鼓時，我一定要下定決心，約對方週末出去玩玩。」

6. 奮力改變自己：採取自覺而無懼的新行為模式之後，為了強化這種改變的正面結果，要多提醒自己努力所帶來的諸多好處。請至少列出三種不再自我妨礙之後的好處。

Chapter 5

行為需要認可，所以我們的行為是經過自己認可的

要做自己意志的主人、良知的奴隸。

——無名氏

人類的行為常令人吃驚——也令人困惑。有個從大學回家的年輕人走進妹妹的臥房裡對她非禮。妹妹被侵犯後驚醒過來，把事情告訴父母，父母為此大為震怒。他怎能做出這種事情？雖然年輕男子有性衝動不是什麼不正常的事，男性渴望觸碰女性身體也不值得大驚小怪。但這個年輕男性想侵犯的是未經同意又正在睡夢中的親妹妹，才是最可怕之處。這種情況使他的行為變得令人完全無法容忍，更別提這還是犯法的事。人怎能讓自己做出這樣的決定？這個年輕男子怎能容許自己做出如此駭人的異常行為？

這就是本書揭示的第五個真相：每個人的行為都是經過自己同意的；這種觀點讓我們在任何情況下都能控制自己的行為。我們可能以為自己是別人棋局中的一顆棋子而已，或認為自己的反應只是未經思考的反射動作；然而無論如何，仍然是自己在掌控大局。

事實上我們確實是自己行為的主人。我（作者之一克里斯多福）第一次接觸這個觀念，是在因超速去聽駕駛課的時候。當時指導員表示，我們之所以超速，是因為我們准許自己這麼做。接著他又說了一些不要超速並遵守交通規則等的話，不過有關准許自己這麼做的說法，卻始終在我心中迴盪。

我超速是因為我准許自己以超過法律規定的速度行駛。除此之外，無論是對別人大吼大叫、持槍搶劫便利商店、背著配偶在外面偷腥、或是吃掉一大包糖果等，都是在自己的意志決定下所做的行為。可是，你可能會說，**我並沒有用意志決定要吃掉整包糖果；我只**

是看到它，覺得餓了，就把它全吃光了。這一定只是直覺反應而已，與自己的意志無關。要不就是根本沒有察覺到自己何時竟然通過意志做出了吃糖的決定。

行為不會自動產生

試著做個實驗：回想你第一次學習分辨好壞與對錯的差別。偷竊是好事還是壞事？可以對大人說不尊敬的話嗎？說謊沒關係嗎？大多數人表示這些道理是在三歲到八歲之間學會的。然後再想想你是何時開始把這些好壞與對錯的道德標準付諸實行。

如果你和大多數人一樣，那麼你很可能年紀很小就開始奉行這些標準了，只不過往後一直仍有一些掙扎而已。你可能不確定是否應該接下公司裡必須為環境污染負責的重責大任。你並不想欺騙或讓女友誤會，因為終有一天你會結婚，但又怕要是告訴她實話，她就會跟你分手。

你並不會在任何情況下都會嚴守自己的行為標準，也許在某種情況下會很誠實，下次又偏離了原則。可以說你的做法經常是視情況而定。

如果你有不誠實、卑鄙或自毀性的行為，都是因為你預先存有惡意的緣故。換言之，你是有選擇能力的，是你的意志決定要那麼做。曾有一位男士表示，老婆很生氣時，有時會毆打他。他說以前的心理治療師曾問他為什麼老婆這麼做，他盡力解釋整個事情的經過，包括老婆還會把毆打他的行徑合理化。其實老婆打他的理由很簡單，她只不過是容許自己在生氣時毆打丈夫罷了。多數人生氣時甚至不會動念碰配偶一根手指頭，也不會毆打子女，頂多偶爾會因小孩不守規矩而打打他們屁股。

多數男人早就知道毆打女人不是男子漢作風，所以在任何情況下都不准自己打女性。他們很快就把這種想法深植心底，從此再也沒有這種舉動。他們的意志不允許自己做這種事，所以沒有經過意志的認可，他們就做不出這種事來。

你也可以換個角度來看這種事情。想想那些會虐待配偶的人。他們容許自己毆打另一半。這些都是會使用暴力的人。不過為什麼他們不會在公司裡毆打他們討厭的上司？為什麼他們在與朋友爭執時也不致拳腳相向？因為他們只允許自己對配偶做出暴力的舉動。

如果我們竟允許自己做出之前認為不可接受的行為，我們就開始有了行為問題。就像大麻被稱為上鉤毒品，是因為很多人在吸食大麻之後，就會開始吸食其他更烈性的毒品。只要人們允許自己吸食大麻，就等於越過了一道心理防線，從此就敢吸食其他不合法的毒品了，這就像是容許自己透過毒品擁有改變意識狀態的經驗，之後從大麻轉而吸食其他毒品也就不算什麼了。畢竟從完全不碰到吸食大麻才是一大改變，因為這需要意志同意自己從此可以從事非法行為。

不妨參考一下一九九三年美國全國濫用藥物家戶普查（National Household Survey on Drug Abuse）的研究報告。該報告指出，一旦人們選擇從事像是吸毒之類的危險行為後，從此他們有其他不法行為的可能性就大增。開始吸食一種毒品，就等於也會吸食其他毒品了。因此，一個抽菸或飲酒的年輕人，他們吸食毒品的可能性要比從來不抽菸飲酒的年輕人高出六十五倍。年輕人一生中即使只有一次吸食大麻的經驗，此後他們使用古柯鹼的可能性，也比未曾吸食過大麻的年輕人高出一〇四倍之多。

濫用毒品並不是唯一必須自己願意才會發生的問題行為。令人意外的是，搞外遇的男女雙方通常也並不只是無意間擦槍走火而已。他們倆人既非愛情與肉慾的受害者，也不是偶然之間無奈地陷入了愛河。

事情的真相是，外遇的形成是兩個人不斷進行了各種有意的溝通和行為之後，才正式發展出來的一種出軌關係。例如，兩人必須允許自己和對方談到最近與配偶的關係有多痛苦，性生活是多麼令人失望，以及自己多麼希望擁有美滿的親密感情。此外，他們也必須肯偷偷寄電子郵件、暗中打手機、在午餐或週末時私下約會。

所以外遇絕不是一時的失誤，而是一連串有意的想法和行為所促成的關係。有外遇者的婚姻不一定比沒有外遇者的糟糕，外遇的發生只不過因為當事者允許外遇發生罷了。

雖然暴力行為看來像是衝動，但絕對是一種自己所同意的作為。這種同意或許來自幼年時父親的教導，譬如父親曾說，「男人管家的手段可以無所不用其極。」即使這種教誨發生在很久以前，你仍可能覺得此刻必須奉行無誤。美國一直在全國各地推動防止家庭暴力計畫，教導施虐者要小心自己的念頭，尤其是鼓勵暴力行為的想法，像是：「只要她再嘮叨一句，我一定會讓她吃不了兜著走。」或是：「我得給她點顏色瞧瞧，看她還會不會看不起我。」或是：「我犯不著忍受她這些胡說八道。」因為這些念頭會讓人在某些狀況下允許自己虐待他人。前面提過，這些施暴的配偶絕不會毆打上司，因為他們並不允許自己這麼做。

小孩對父母的態度經常粗魯又不順從，但他們在老師、鄰居、神父或警察面前，卻絕不敢不聽話。為什麼會有這種差異？因為他們自己和父母都認為可以這個樣子。所以說，所有的行為都需要自己的認可。無論你是想偷偷溜進戲院看電影或寫一部電影劇本，堅持減肥或半途而廢，對陌生人態度輕慢或有禮，把理想家園買進或賣出，都需要通過自己的意志來做抉擇。

就像我們允許自己做出一切作為，從某方面來說，別人對待我們的方式也等於經過我們的認可。菲爾．麥克格羅（Phil McGraw）是一位常出現在電視節目中的知名心理學家，他說其實是我們自己教別人怎麼對待我們的。也就是說，如果我們不反對、不禁止別人對我們的謾罵、身體攻擊，或不斷的威脅，就等於同意別人用不可容忍的態度對待我們。

我們也可能容許別人對我們很無情，在金錢上利用我們，在公開場合污衊我們，甚至欺騙我們發生性行為，這都是因為我們的反應顯示我們容許他們這麼做。有些人在與人交往時會很早就表明不接受上述行為，因而設定出健康的自我界線（這部分將在本書第七章中詳述）。

即使別人對我們的愛，也是得到了我們的允許。相反的，有些人不肯釋出這種准許的意念，這是因為我們不愛自己、不尊敬自己，使別人無法在情感、身體或性方面親近我們。我們害怕自己不值得別人為我們付出愛，擔心如果讓別人靠近，他們就會發現我們不迷人而捨棄我們。與好萊塢愛情影片的刻板形象正好相反，人們並不是碰到對的人就自然陷入愛河；事實上，我們必須先准許自己愛人或被愛。

准許自己改變

不僅我們的行為需要先得到自己的許可，想要改變自己的行為也必須先得到自己同意。如果我們並不同意自己改變過去的不良行徑，那麼不管將會面對多麼負面的後果，我們都會不斷重蹈覆轍。聖經中有一則大家經常引用的典故，出自約翰福音（8:1-8），把這個觀念闡釋得很好。

一名婦人因為與人通姦將遭到憤怒民眾扔石頭的處罰。耶穌走向這群暴民，並對他們說，你們之中有誰從未犯罪，即可丟出第一塊石頭，這時每個人都丟下手中的石塊，轉身離開了。耶穌接著問通姦的婦人，「有人定你的罪嗎？」又說，「我也不定你的罪。去吧，從今以後不要再犯罪了。」神職人員把這個故事當作一種醒世箴言，提醒大家「不要論斷別人，否則別人也會論斷你」。在此要強調的是耶穌對通姦婦人的教誨，「去吧，從今以後不要再犯罪了。」耶穌顯然相信她能不再重蹈覆轍；換言之，他是告訴她不要再容許自己有此惡行。言下之意表示她有能力做到不再讓自己有婚外性關係，也能改變對忠貞與親密關係的看法。耶穌顯然很清楚如果要改變行為，必須先決心不再這麼做，並改變對事情的看法。

例如，匿名戒酒會的課程就是在教導戒酒者要改變對酒的看法。戒酒十二步驟在一開始就強調，「我沒有能力控制自己飲酒，我的人生已經失控。」如今他們瞭解酒精已控制並摧毀了自己的人生，所以他們不准自己再飲酒，甚至不能再有絲毫藉酒澆愁或飲酒作樂的念頭。

戒酒者都明白，只要拿起酒杯，以後就沒完沒了，所以連一點酒都碰不得。畢竟戒酒一段時間之後再拿起酒杯，是需要自己理性上同意的舉動，所以戒酒者莫不以此為戒。這個戒律在電影「塵霧家園」（*The House of Sand and Fog*）中表現得淋漓盡致。珍妮佛・康納莉（Jennifer Connelly）是該片女主角，她有個當警察的男朋友，這位男友本身酗酒，經常鼓勵她也喝一杯。觀眾可以清楚看見她連續幾個月都痛苦地望著酒瓶，考慮是否要放棄自我控制開始喝酒。掙扎到最後，她終於心想，「管它的！」開始喝了第一杯，從此也踏上了災難連連的人生旅程。

任何想戒掉各種惡習的人都必須不准自己隨心所欲，包括戒掉說謊的習慣、吃宵夜、看色情影片等。只有下定決心不再重蹈覆轍，同時擬定復原計畫並貫徹執行，才能順利達成目標。如果只是心想「試試看好了」，抱持這種心態的人通常都會鎩羽而歸。所謂鑑往知來，除非我們能堅定地戒除舊習，擬定改變行為的計畫，否則重蹈覆轍指日可待。

如何改變行為：下定決心執行六個步驟

乍看之下，似乎只是要下決心不准自己再恢復不良舊習，就可以辦到，但只要你有過戒癮的經驗，就會懂得戒菸、戒酒、戒毒是多麼困難的一項任務。即使是較輕的癮頭，譬如無法專注培養親密關係，或有自毀前程的傾向等，這些都是極難改變的行為。因此才需要擬定以下六種做法，讓你有機會正式下決心改變舊習。現在請逐一看看這六個改變行為的步驟：

步驟一：認清自己某種行為的確有問題。當一群暴民手握石塊準備投擲時，那位通姦的婦人應該很清楚自己的行為出了問題。所以早點改變做法，總比別人已經準備丟石頭才覺悟要好多了。你不必等到第三次酒駕被逮、或心愛的伴侶棄你而去，才終於覺悟自己的行為有毛病。因此，你應該努力找出自己的人生出了什麼問題。

不妨和最親近的人談一談，或許是朋友、家人、信任的同事，問問他們的看法。奇妙的是，即使你不能察覺自己的行為有問題，他們卻往往能指證歷歷。覺悟到自己出了問題，你才能掌握問題重點。瞭解問題之後，你才知道自己哪些行為必須改變，進而下定決心付諸實行。

步驟二：決心要改變。這時你必須下定決心不再重蹈覆轍，譬如要告訴自己不能再任意狂吃；不能再放任自己每到週末就緊張兮兮，既不出門也不跟朋友碰面；必須堅持不再找低薪又沒有挑戰性的工作等。此外，你也必須很認真地下決心，絕不再走一步算一步，也不能在某種情況之下才決心改變做法。你不能半途而廢，必須態度非常明確。

步驟三：建立目標。無論決心戒酒、讓收支平衡、完成碩士學位，都是很好的目標，因為它既明確又有具體標準可衡量。這就像是決心追求某種成就，而不只是想大致達成某種目標，像是「我希望能少喝點酒」，或是「我想受較好的教育」等。好的目標必須有客觀性、可達成、能衡量、可量化。建立目標就能為你的新習慣打下基礎，引導你向前邁進。

步驟四：擬定明確計畫以達成目標。例如，大幅減重是可行的，但通常都需要明確的計畫才能辦到。與其擬定個模棱兩可的計畫，像是「我要少吃多動」，還不如規定自己每天早上一定要走三公里路，再力行總共只能進食一千五百大卡的減重計畫。把整個計畫分成很多小計畫來做，更有助於達成目標。譬如剛開始你可以每天早上只走一公里，一週後走兩公里，之後再循序漸進。要記住，用新習慣代替舊做法的過程，一開始總是不舒服的。不過明確的行動計畫往往能消弭這種不適。

步驟五：徹底執行計畫。唯有確實執行，計畫才能發揮作用。很多人都在改變行為的過程中又故態復萌。人類的天性幾乎保證人們會不按照原來的計畫行事。然而，各種研究結果也告訴我們，愈是堅定不移地往目標邁進，成功的機率就愈大。也就是說，一而再地試圖戒菸的人，最後終於戒菸成功的機率比較大。另一項研究顯示，受虐待的配偶平均得離家四次，最後才可能一勞永逸地永遠逃離這個家。為了堅持不輟，你必須一再告誡自己不要再犯錯，這樣才能從過去的經驗中汲取更多教訓，提供你貫徹計畫的動機。

步驟六：從舊習慣中跳脫。很多戒癮課程對瘋狂的一般定義是：所謂的瘋狂，就是不斷犯同樣的錯，卻期待有不同的結果。我見過一對來作婚姻諮商的配偶，就是個有趣的範例。這對夫妻一直循著同一種模式在互相爭鬥：攻擊、自衛、反擊、撤退；必要時再重複整個爭吵過程；然後懷疑何以兩人的關係未見改善。他們有可能鬧分手、重新接觸、再度復合，之後又以比過去更真誠的態度重新磨合。可惜他們經常重蹈覆轍，使夫妻關係始終不諧。除非這對夫妻能看清彼此的互動模式和可以預見的後果，才有機會改善。

我們必須瞭解本身的自毀性行為模式，並察覺讓人陷入困境的隱藏性惡性循環舊習。務必要經常提醒自己不再誤陷其中，更要努力追求新做法，以建立更健康的新行為模式。

容許自己追求挑戰

我的診所裡曾有個男孩來看診，以前他容許自己傷害別人，後來才終於收手。我的另一位十幾歲患者曾在校園裡遭到兩名學生霸凌，此事呈報了有關當局，但沒有做任何懲處。直到校方又拍攝到另一次打架場面，才開始介入調查。警方很快就對這兩名霸凌同學的學生提出控訴。

開庭當天，其中一名學生沒有出庭，另一名學生則寫了一封洋洋灑灑的道歉信給我的患者，解釋他何以會變成一個霸凌者。從這封信當中，可看出他不斷允許自己做出毆人的罪行：

親愛的艾德華：

很抱歉我在學校裡不斷猛K你又找你的碴。我知道自己沒有任何藉口，但你知道以前葛列格也會海扁我。我讀六年級時，他曾經狠揍我，還用手關節猛K我的頭。他甚至搶走別人送我的生日禮物新手錶，恐嚇我不准告訴別人，否則就要宰了我。有一天他告訴我，如果我答應「不小心」撞翻一個他痛恨的「自命清高的小子」的勞作作品，以後他就會放過我，不再找我麻煩。雖然我知道這麼做是不對的，可是為了讓葛列格不再打我，我決定無論如何都要遵命行事。所以當我看到被我弄壞勞作的那個男孩痛哭時，雖然感覺不舒服，可是我決心對這件事不要太在乎。葛列格非常高興。

聽起來似乎很蠢，可是我很希望葛列格喜歡我，所以我決定誰的感受我都不在乎，只要葛列格高興就好了。說來也怪，我愈常找其他小孩麻煩，葛列格就愈肯跟我在一起。接著就發生了打你的那件事情，從此我對於傷害別人就更不會難過了。

對你也是這樣。只不過，艾德華，此刻我真的很難過，因為我知道自己真的傷害了你，我也記得以前葛列格常找我的碴時，我有多麼害怕。我只能說真的很對不起，艾德華，而且我以後再也不會對任何人做這種事了。

你忠誠的賈斯汀

從這封信可以很清楚看出，促使賈斯汀霸凌其他同學的原因，是因為他既害怕葛列格，又想獲得他的認同。有意思的是，這次是因為害怕遭到判刑，才讓賈斯汀決心不再繼續在校園裡霸凌同學。只要他依然決心這麼做，他就永遠不會再霸凌別人了。

下面的練習題可以幫助你把本書的第五個真相活用在生活中。

練習1

我一直重蹈覆轍的惡習是什麼？

很多人都拚命想找出自己的負面行為，也就是不良的日常習慣或負面的行為模式，亦即弗洛伊德所謂的「強迫性重複行為」（repetition compulsion）。你可能認為很清楚自己有哪些強迫性重複行為，但也可能並不清楚。這是因為你已經把這種行為合理化，或不願承認它的存在，這種心態會讓人不易察覺自己有這種行為。以下練習題就是想幫助你察覺。

下面是常見的幾種強迫性重複行為。不妨看看自己是否符合其中某種狀況。

□在與人建立深入關係之前就把關係搞砸。
□做出種種阻礙成功的愚蠢行為。
□面對壓力時會表現出敵意和怒氣。
□貶低對自己最重要的人的價值。
□在工作中犯下明顯又不利的錯誤。
□支出總是超過所得。
□存心與最愛你的人大吵大鬧。
□總是愛杞人憂天。
□對自己的外貌太過在意或過於疏忽。
□毫無節制地狂飲或豪賭。
□反對任何權威。
□在權威人士面前才能充分發揮能力。
□飲食失調。
□把全部時間和精力都花在工作上，忽略了其他方面的生活。

● 如果你沒有上述行為，可以之為參考，自行列出自己的這類行為。

練習2

產生負面行為的原因

本練習的目的是幫你瞭解，為什麼你會准許自己有某種強迫性重複行為。以下是人們為了准許自己有這種行為而常使用的六種策略。看看你使用了哪一種，同時要瞭解這些策略都是自欺欺人，會讓你做出對自己不利的事情。之後試著描述在生活中使用這種策略的情形。

1. 找藉口：你會為某種不健康的行為找藉口，讓自己相信這是合理的做法。譬如，「我打她都是她的錯，因為她讓我很生氣。」你的藉口是什麼？

2. 淡化：你承認自己做了負面行為，但認為那並不重要，沒什麼大不了。「沒錯，我想節食卻破了功，猛吃了三種甜食，可是這沒什麼大不了。」你怎樣淡化自己的負面行為？

3. 合理化：你會為自己的行為辯解或找藉口。「警察先生，我超速是因為我快遲到了。」或是「我的狗把我的家庭作業吃掉了，所以沒法交給老師。」你合理化的方式有哪些？

4. 理性化：你會不帶感情地做出決定，以便讓自己做出不健康的負面行為。像是「你說什麼？我有吸毒問題？一個很high的社會總比醉醺醺的社會好吧？」或是「少來了，每個人不都會想盡辦法逃稅嗎？」你是怎樣為自己的負面選擇護航的？

5. 否認：你做了某種負面行為時，卻聲稱自己沒有做。「我沒有跟那個女人發生不正常的性關係。」你會經常否認自己做了某種行為嗎？

6. 歸咎他人：你會把責任推給別人。「這不是我該負責的。」或是「你應該早點提醒我的。」你會把自己的行為責任歸咎給誰？

Chapter 6

用心經營有限的情緒能量，不浪費在期望、憂慮和抱怨上

主宰了人們的想像力和思想，就決定了他們的人生和性格。

——拉爾多・沃爾夫・愛默生（Ralph Waldo Emerson）

《運動畫刊》（*Sports Illustrated*）某一期有一篇特別報導，題目是「他們退休後過得如何？」，讓讀者知道退出舞台的昔日運動明星動態。另外，二〇〇四年七月十二日至十九日的那一期內容裡，則刊登了另一篇專題報導：「告別失敗」，裡面描述許多運動員當初念大學時人氣極旺，眾人皆期許他們未來能成為運動明星，卻始終未能成真，他們常因自己的失敗而感到羞愧或受人奚落。然而該專題中的受訪運動員卻都表示已「告別失敗」，因為他們早就學會如何處理自己的失敗經驗，並在其他領域找到了更好的出路。

不過，這些事情與本章所提的真相有何關聯？重點並不是這些運動員在人生其他方面有了多大的成就，而是他們能以更健康的態度來看待失敗的經驗。與其浪費精神為過去哀嘆惋惜，還不如從經驗中汲取教訓，在運動以外的領域追求成功與意義。

很多人一旦發現事情不如預期，就把人生虛擲在懊悔與憤恨中無法自拔，而不知道憤恨只會消耗自己寶貴的活力而已。事實真相是，這些活力很需要好好保留，並投資在更重要的事物或目標上。

這個觀念看似普通，但大家經常表現得彷彿精力是用不完的東西，就算浪擲在懊惱抱怨上也無所謂。

為了防範這種事發生，不如深入研究一下為什麼會發生徒然浪費精神的做法。

保留珍貴的資源

想想看我們曾經花了多少時間為自己找藉口、怨天尤人，或不斷翻舊帳，像是：

- 「老闆根本不器重我，我才沒能升遷。」
- 「警察根本是在拚業績，才會罰我超速。」
- 「他實在太忙了，才沒跟我約會。」

這些合理化的藉口，表示我們喜歡把責任推卸給別人或不可掌控的因素。最近你可曾為某事找藉口，好讓事情變得像是超過自己所能掌控的範圍？奇怪的是，合理化的藉口總是突然從心裡冒出來。很多人都花了太多精神為自己編織藉口，東想西想，編出一大堆不怎麼合邏輯的結論。此外，人們也喜歡耽溺在這種事情上面，花很多時間和情緒能量來揣摩這些藉口，就像小孩撫摸著新玩具一樣。

如果這種情形經常出現，也就是大部分時間都用來找藉口、怨天尤人，或耽溺於過去，這就表示生活很不充實，不僅可能工作欠缺效率，也會因為夢想沒能實現而感到挫折。這都歸因於把精力放錯了地方。

如果我們能把精力視為一種可量化的有限物質，就會知道善用精力非常重要。畢竟人類不分種族、膚色、信仰、社經地位，一天同樣只有二十四小時可用，每個人的精力也都是有限的。想想看，假設我們的情緒能量只有一百分，大家每天都可以自由思考或做事，但精力必須當天用完，無法留到明天，那麼情形會怎樣？

譬如，你每天早上醒來就開始抱怨老闆，用掉了二十分精力。接著在搭乘火車上班時，你又煩惱跟伴侶的關係出了問題，腦袋裡開始重播對方與你鬧翻時的情景，又花掉了你十五分的精力。等你到了公司打開電腦之後，才知道股市大跌，你這一行災情特別慘重。於是又耗掉了十五分精力，不斷憂慮飯碗可能難以長保。

結果還沒到午餐時間，你已經耗掉每日能量的一半。也許你還能把工作做完，但不會有很大的生產力，也無法從工作中得到多大的滿足感。你也可能很難集中精神在某件工作上。晚上你也許要赴某個約會，但你不會是個好同伴。基本上，你已經把大量精力揮霍在不具生產力的胡思亂想上了。

如果能省下這些精力，說不定就會有突破性的構想，讓你獲得升遷，或是籌劃一個精采的約會，讓你真心關懷的伴侶大開眼界。

揮霍精力的壞處不僅因為這是一種浪費，也因為這樣你就沒有時間去做真正重要的事情了。想想看，因為你在中午以前就已失去大部分活力或胡思亂想，所以損失了多少機會，讓多少該解決的問題一直懸而未決！而且這還不只是一天而已，人生中有多少日子被你如此虛擲！在心理診療室裡，我們經常提起一句古諺，「有人抱怨玫瑰花叢裡有荊棘，但也有人欣賞荊棘叢中綻放著玫瑰」。專注於正面事物，就能善用自己的精力。

前面提到過那些從失敗中走出來的運動員，他們也大可把精力花在成天無病呻吟上，可是一路走來，他們決定不要活在挫折感和懊悔中，而是把精神用來改善自己、家人和社會的生活。運動界通常會鼓勵運動員要多看眼前，少看過去，我們也該如此，至少在負面事情上要能有這種態度。要是一直著眼過去，就會錯失現在。

我們大可決心要活在當下。重點在於要能察覺自己是如何使用精力的，千萬不要不知不覺中把時間浪費掉了。為了提高警覺，不妨從以下三方面來檢查自己是否有浪費情緒能量之嫌：一、你是否總是在懊悔過去；二、你是否經常擔憂未來；三、你是否不斷抱怨人生中人力難以掌控的事物。

● 總是在懊悔過去

唐是個五十二歲的紳士，曾到我的診所來診治，其中尤以親密關係的問題最為嚴重。幾十年來，他曾和異性有過幾次重大衝突，結果花了很多時間一直在質疑、懊悔、疑惑那幾次約會的情形。他每天都在想如果他喜歡的那些女人沒有離開他，結果會如何。他心心念念懊悔當年還有機會時，竟沒有邀某個女人出來約會。他花了太多時間和精神懊悔過去，忘了把目標放在現在與女人的關係上面。我們的意思並不是希望讀者不要從過去的經驗中學到智慧，而是在學到智慧之後，就應該把精神用在當下，以改弦更張。

一個不斷回憶過去的人，就像是只聽著收音機裡的老歌。雖然緬懷過去很有趣，但終究無法欣賞到新歌曲。由於我們駐足於過去的年代，才沒有培養出對新音樂的鑑賞力。要是我們就這麼生活著，在人生中躑躅不前，只因為把大部分時間都花在懷念過往一段破碎的婚姻、一個失敗的事業、被信任的朋友或情侶所背叛等。或許在憶想以往曾受到的傷害或發生的不幸時，我們會有一絲自憐的快感，但這終究會阻礙我們的大好前程。

唐本來也大可從過去的錯誤中學會怎樣活得更好，在察覺自己無助又不健康的行為模式後，再重擬一個改頭換面的新計畫。他可以把握現在，把時間精神都用來再追求一個心儀的女人，而不是一味懷想分析許久以前那幾次交往失敗的遭遇。人類的天性就是會回想過去未竟的經歷，但這種憶念往往令人灰心喪志。唯有揮別過去，才能活在現在。所以俗話說，「揮別過往，就不再重蹈覆轍」。

菲爾是個迷人的五十歲男子，服裝時髦，口音優雅，態度得體。他擁有雙碩士學位，是幾家企業的老闆，在國會裡也人脈廣闊。菲爾有一個房間用來展示他的人生成果，牆壁上掛滿了各式各樣的獎牌，都是在炫耀他的學歷及政商界的輝煌成就。後來這個房間漸漸不夠用了，他又另闢了一個房間來展示獎盃獎牌。當我問菲爾他的獎牌室究竟有何意義，他搖頭回答，「我也不清楚，」沉思了一會兒之後，他說，「我想我真正想要的是父親能來看看。我希望他走進這個房間，瀏覽一下我所有的獎牌，然後對我說，『兒子，我真的很以你為榮。』」

其實菲爾把所有的時間、精神、力氣都花在一件事情上，就是博得父親的認同。諷刺的是，菲爾記得父親幾乎從來沒辦法說出任何讚美的話語，因為他自己的人生遭遇過太多痛苦和創傷，更別提經年累月總是與酒精為伍。他對菲爾從來沒有說過什麼好話，反倒一開口就是滿嘴的批評和貶抑。即使菲爾有如此傲人的社會成就，仍得不到父親所無力給予的認同。但菲爾還是不斷把每天所有的情緒能量都花在這已無法改變的缺憾上。雖然菲爾在壓抑下事業仍非常成功，但畢竟他太難擺脫過去，所以人為因素限制了他向上發展。此外，由於始終未能擺脫過往，菲爾也很難充分享受事業成功的樂趣。

● 經常憂慮未來

在這個多變難測的年代，人們比過去經濟穩定繁榮的時期更加憂慮未來。很多人耗費大量精力想像未來的各種可能性，想到將來可能發生的最惡劣狀況，就憂心忡忡。一想到從經濟到人際關係的各種可能災厄，就既煩惱又憤慨。你是否也曾花了不少精神在擔心下列各種負面事件上：

1. 如果發生下列情形，我的工作會出現什麼狀況？

- 如果你的上司決定退休或被解僱了，你的處境會如何？
- 如果你的行業或整體經濟衰退，你會面臨怎樣的處境？
- 如果出現新科技使你的專業技術過時了，你該怎麼辦？

以上疑問看似合理，但對目前尚無能為力的事情想得太多，實在沒什麼必要。可是只要一看到相關的新聞報導，就會觸發我們對自己這一行或工作的隱憂。這種憂心會令人失眠、頭痛、胃痛，但其實不管怎麼擔心，都於事無補。

2. 如果下列情形發生，對你的財務狀況有何影響？

- 如果附近房價下跌，該怎麼辦？
- 要是經濟不僅是嚴重衰退，甚至發生真正的經濟大蕭條，該怎麼辦？
- 要是出現了意外的醫療負擔等，發現自己無法照計畫退休，屆時該怎麼辦？

其實我們對社會經濟毫無掌控能力，花時間精力注意可能發生的事情也一點用處都沒有。不管做了多少回預算和研究，你還是無法為每次突發的經濟狀況預先做好準備（當然你還是可以成天擔心個沒完）。

3. 如果你身邊重要的人出了狀況，你該怎麼辦？

- 如果你的男／女朋友遇到了比你更理想的對象，怎麼辦？
- 如果他／她不能對你們之間的關係做出承諾，該怎麼辦？
- 如果他／她要被調到其他地區或其他國家工作，而且他／她並不想放棄這個機會，那時你該怎麼辦？

深厚的親密關係通常禁得起環境的變化，脆弱的親密關才會禁不起風吹草動。然而熱戀中的情侶總是會憂慮未來可能發生情變，不是害怕戀人因故離開，就是擔心如果對方某方面發生了變化，兩人關係會如何。

本書第三章告訴我們，這些假設性的想像都有其目的，因為操心能讓我們擺脫無力感。彷彿我們一直煩惱難以想像的可怕事情，這些事情就不會發生似的。當然，有時即使日夜憂慮，最恐懼的狀況仍會發生。不過，偶而我們也都會思索未來的事情，只要不操心過度，也不失為幫未來作準備的一個好時機，所以這麼做是沒什麼問題的。但本章想強調的是：人的精力有限，如果我們花太多時間和情感去想像未來可能的景象，讓憂慮耗損自身的力氣，就沒有多大意義了。這就像我們佛羅里達州人在面對暴風雨時所持的態度：「要抱最大的希望，卻做最壞的打算。」我們可以設法抵禦暴風雨來襲，但無法阻擋或控制它。因此，如果我們把精神花在驚慌失措上面，而無法思考或做任何預防措施，等於白白浪費精力。為未來多作準備，才得以妥善運用。

憂慮未來會讓我們想像出五花八門的應變措施。例如，妲娜曾在開車時被警察攔下，因酒測值達到〇・一一而被控酒後駕駛。這件事讓她非常緊張，不僅暫時被吊銷駕照會讓她行動不便，酒駕者還會連名帶姓被刊登在報紙上，更讓她感到糗大了，此外，被逮到酒駕的罰款也造成不小的財務負擔，這些事都帶給她很大的壓力。她的律師建議她去看心理治療師。

這位向來聰明、能幹又迷人的三十二歲女性，此時竟然活在自己想像的災難世界裡。她想像自己站在法庭上，法官判決她終身不准再開車；她還想像以後公司會因為她曾經酒後駕駛，從此不再讓她升遷；她也認為以後會失去朋友，約會的機會大概也沒了，她已經決定戒酒，似乎再也不可能成為宴會上的靈魂人物。就這樣，妲娜每天花上大把精神想像未來有多悲慘黯淡，幾乎現在就毀了她的生活。她工作得很痛苦，社交生活幾乎停擺，以往喜歡的一些活動現在也味同嚼蠟。

我告訴妲娜，雖然我不知道法官會如何判決，但我保證她不用再過像審判之前這六週這麼痛苦的日子。想恢復過去快樂生活的唯一方法，就是最好不要再浪費時間憂慮以後可能發生的事情。

我的另一個患者艾蜜莉也有嚴重的焦慮感。每當談起子女的事情，她就顯得極為焦慮，讓我不禁懷疑真正令她害怕的究竟是什麼。幾次診療後，我再三向她保證她已盡到所有的責任，剩下的事情並非她所能控制，這時艾蜜莉真正的心結才浮現。原來念高三時她曾被人從公園誘拐，遭到性侵。雖然她並沒有壓抑（掩飾）這個意外事件，但她始終活在高度焦慮的狀態中，把情緒能量都花在恐懼子女可能像她一樣遭遇「不幸」。畢竟她自己就遭遇過這種事情。要是不擔心孩子可能受到傷害，那她算哪門子母親？

讀者將在第十章中讀到，經歷像艾蜜莉這樣遭遇的人其實大可從創傷中走出來，而不必每天把精力耗在擔心舊創會在未來再度上演。一九九九年，約翰霍普金斯大學（John Hopkins Universtiy）的大衛．艾德溫（David Edwin）博士有一次在一場臨床講習會上說了一句動人的話，「如果我的一隻腳卡在過去，另一隻腳卡在未來，現在我就沒辦法過日子了。」

● 不斷抱怨人生中人力難以掌控的事物

還有一種浪費精力的壞習慣，就是對無法改變的事情仍抱怨個不停。由於我們的診所位於佛羅里達州的西南部，不難想像大家經常一走進辦公室，就抱怨天氣不好或交通擁擠。這種情形很容易理解，畢竟大家在外頭面對不良氣候，或在上下班交通顛峰時間必須在車陣裡走走停停，自然有些怨氣；然而花太多時間或精神抱怨生活中的不便，還是太浪費力氣了，尤其已經坐在乾爽又有空調的房間裡，也離開了外面混亂的交通狀況，就更用不著埋怨。再說，如果不斷叨唸惡劣的交通狀況，就等於一直沉浸在這些負面事情中。

黛比一直等到五十歲才結婚，她說自己終於遇到了一個「好好先生」。可惜的是，度過幾年幸福的婚姻生活之後，黛比還是在丈夫傑西身上找到了一個惱人的毛病：就是黛比在與傑西家人相處時，傑西沒有事事都把黛比的感受放在第一位。其實傑西是個隨和又極重視和睦相處的人，只不過他容許自己家人在與他們夫妻相處時，要比黛比習慣的程度更隨意了一些。譬如家人來訪的時間可能太久了，或干預夫妻倆的私事太多了。黛比把傑西父母太過踰越一事視為傑西不夠愛她的明證。

她一直嘮叨傑西和他家人的作風，也不斷向朋友抱怨最近這些「令人火大」的事情。她簡直不敢相信傑西家人沒有先打通電話，就來家裡打擾，也難以置信他們如此愛看電視轉播球賽，傑西在這段時間也會加入他家人的行列，猛看體育節目。她也因為這些人幾乎每餐都要吃肉而大為光火，因為他們個個都已經有點超重了；就連一向飲食相當健康的傑西，這時也成了肉食動物。她有一長串事情想抱怨，簡直樂此不疲。

從表面看來，黛比經常哀聲嘆氣看似並無大礙，其實朋友聽膩了她不斷發牢騷，都躲得遠遠的；這種毛病也傷害了她與傑西之間的感情。起初傑西能瞭解也接受黛比與他家人的相處有困難，所以他已經改變了自己的溝通方式去配合她的看法，可是對於他也無法掌控的一些事情，她仍然抱怨個不停。他曾對她說過，「可是我家人就是那樣子，我也沒辦法！」但她怨聲載道的做法，好像抱怨就能讓他家人改變行為模式似的。

到最後，黛比終於瞭解本章的主旨。她察覺自己必須接受傑西個性中這不討喜的部分；至於她不喜歡他們一家人相處的方式，其實也沒關係。這並不表示她不愛他。此外，她更意識到傑西家人是婚姻的一部分，如果她想要傑西（這一點沒問題），她就得接受隔一陣子就得受他家人一番騷擾這個事實。一旦想通這一點，她就如釋重負，身心都舒服多了。唯有不再擔心或抱怨超過自己掌控的情況，她才能關心其他較重要又盡得上心力的事情。

心理學家認為注意力和精力同等重要，也就是人們關心什麼，就會把精力用在那方面。每天花太多精力去想離了婚的配偶多麼固執、鄰居多麼自私，根本是浪費時間，無法解決問題。

凡妮莎最近剛離婚，與前夫共享一個三歲大孩子的監護權。每當把孩子送到對方家中居住時，彼此的語音信箱和對話內容就會很火爆。其實凡妮莎與前夫的接觸每週頂多不超過一小時，這一小時還包括了聽電話留言的時間在內。諷刺的是，她花了非常多時間在不斷思索前夫的事、彼此上次談話的內容、之前討論事情的情形之上。事實上，凡妮莎每天都把大部分精力浪費在反覆回想彼此吵架的情景。即使她很清楚他是個不錯的父親，他的種種作為並不是衝著孩子來的，她還是一直注意對方的負面做法和令人倒胃口的行徑。結果，由於凡妮莎的執著，身為老師的她在課堂上的表現退步很多，經常寧願讓學生自習，也懶得花心力教導。

佩蒂正在和一個她稱為「最性感的爛人」約會。由於她在男女關係上總是愛扮演母親或救贖者的角色，會和這種「爛人」在一起也是理所當然。兩人的關係更進一步之後，佩蒂為了男友對她不夠尊重而愈來愈沮喪。她開始不斷對男友和其他人抱怨，但這麼做除了讓佩蒂愈來愈不開心外，根本於事無補，最後變成佩蒂成天只會訴說男友的不是。

她一向愛與有毛病的男人交往，自己也總是以助男友上進自居。她幾乎從來不挑選一個本來就很好的男人，總是寄望男友以後會變成一個很好的人。她一直花很大的力氣去改變男友，卻又抱怨個不停，搞得自己心力交瘁。明明無法改變他們，卻忍不住連續好幾個小時訴說他們有多糟糕，就好像光靠抱怨就能掌控她所不能掌控的事情似的。

強納森每次求診時，都忍不住訴說他有多痛恨老闆。他痛恨老闆每次都用紆尊降貴的口氣跟他說話；他也痛恨老闆靠他拚命工作而發了財；就連他老婆都對老闆既愛又崇拜。

最要命的是，這個老闆正是他的岳父大人！他的腦袋像是個電燈泡，老闆則是一隻飛蛾不停繞著燈泡嗡嗡飛，讓他頭痛不已。可是強納森還沒決定到底該繼續為岳父工作，還是自己創業？他也不知道該怎麼接受妻子與岳父母如此親密，因為他跟自己的父母並不親近。強納森只會不斷埋怨自己無法掌控的岳父，以對抗種種懸宕不決的不確定處境。

當心理治療師直指強納森每天竟花大把時間精神不斷抱怨最痛恨的人，是種十分諷刺的行徑，強納森聽了卻很惱火。其實他的做法，就像是把辛苦賺來的薪水泰半花在自己最痛恨的事情上。也可以說，就像是強納森把自己的腦袋免費租給岳父大人使用了。強納森實在應該擬定一個計畫，以免一再抱怨自己的岳父。

為了達到這個目標，他應該考慮離開岳父的公司，自己創業或去找個工作。他還有另一種選擇，就是想辦法接受岳父的個性，在目前的處境裡尋找出路。第三種選擇則是設法與岳父談判，以改變工作現況，彼此各退一步能幫助他繼續工作下去。換言之，強納森必須設法讓自己能順心地努力工作，而非腦袋裡一片混沌，否則等於天天把情緒能量花在挑岳父個性上的毛病，而那些毛病都是旁人沒辦法改變的。心理治療師常告訴患者說，悲苦、激憤和報復心都是身心的毒藥。這個病例也顯示出憤怒如何耗損強納森每天的生活。

合理地使用精力

除了時間需要合理運用之外，精神能量也應合理使用。人們常自以為能妥善使用精力，不會浪費在無病呻吟和不切實際的期盼上面，但其實很多人都做不到。有時我們會為眼前的事情大為光火，或因情況複雜而氣得抓狂。結果就是，把時間精神都用在錯的地方。

從童年創傷到令人頭痛的麻煩事，都會導致我們想彌補過去的遺憾，或對前途憂心忡忡，甚至對難以掌控的事件煩惱萬分。相反的，如果一個人夠明智，就表示想法和做法都合乎理性，很實際地去解決問題，把思考行動都用在能有所貢獻之處，而不虛耗時間心力，自然能集中精神去做重要的事。

這也許說來容易做來難，但只要不斷提醒自己，終有一天可以辦到。為了達到這個目標，以下是善用精力的三個重點：

1. 要能接受自己無力掌控的事情

這是匿名戒酒會的座右銘，也是其十二步驟戒酒課程的主要精神。在戒酒課程裡，戒酒學員必須接受「自己對人事物都已無能為力」。接受這個事實讓人比較容易獲得心靈平靜，不致焦慮憤怒。這不表示你就該從此對自己的人生作壁上觀，而是你最好能瞭解自己已經失去掌控事情的能力，只能設法控制自己的想法和行動。為了徹底承認自己的無能為力，你必須不斷自問能否掌控所遭遇的難題。此外，為了做出決定或付諸行動，你還需要思考哪些事情？該怎麼做才能對事情有正面幫助？哪些思考和行為模式其實對事情毫無益處？

2. 花力氣讓事情有正面結果，不要耽溺於負面心態

例如，與其拚命擔心女兒在大學裡的考試成績，還不如考慮下列做法：

- 寄一封電子郵件給她，告訴她你是多麼以她為榮。
- 為她禱告。（據研究顯示，禱告真的有效！）
- 烤一個她最愛吃的甜點寄給她，表達你對她的愛與欣賞。

與其擔心得要命，還不如實際去幫助孩子。你可能無法保證她的考試成績一定很高分，卻能做一些事情讓她覺得自己不錯，並知道無論考試結果如何，她都能得到你的支持。

3. 隨時注意自己的精力用在何處

正如你需要例行性地重新評估自己的財務投資，你也需要隨時注意自己的精力用在哪裡。每個月回顧一下自己每天都在做些什麼，畫個圖表，把精力用途分成下面幾大類：

- 希望能有不一樣的過去。
- 擔心未來前途。
- 為人生中難以掌控的事情怨嘆不已。
- 思考和行為的方式能讓自己對人與事都有正面助益。

每到月底時，評估一下自己的時間精神都用在上述哪些方面了。最好能減少期望、憂慮和抱怨的時間，盡量增加正面的思考與作為。只要常常反省，自然能知道自己是否善用時間與精力。如此一來就能時時提醒自己不要浪費精神，把心力用在正途上了。

如果你發現自己很難做到善用精力，不要擔心，多做一些正面的事，下列練習就很有幫助。

練習1

把精力從負面導向正面

想要專心把精力導向正面目標是很困難的，因為人的腦袋會產生所謂「紫色大象」的反射作用。每當你告訴自己不要再耽溺於過去的受創經驗，腦袋卻偏偏會去想那些事情，這就是所謂「紫色大象」反射作用。不妨實驗看看：閉緊雙眼，告訴自己不要去想一隻紫色大象，可是紫色大象的影像就是會在腦海裡浮現。所以你不能告訴自己不要去想什麼，卻可以把負面思考轉換成正面思考。以下是一些實際練習。

寫下你不希望腦袋出現的負面想法，然後把它轉化為正面話語。下面就是一些可供參考的例句，前面是耗人心力的負面念頭，後面是能提振精神的正向句子：

負面念頭：別把高爾夫球打進距離我七十公尺遠的水坑裡了！

正面念頭：放輕鬆！只要用五號球桿，我就有信心能把球打到一三〇公尺以外的地方，在平坦的球道上著地。

負面念頭：我痛恨老師一直盯著我，要求我把作業做完、準時到校等煩人的瑣事。

正面念頭：我無法控制老師的行為，但是我可以為自己做出最好的選擇，像是專心念書，給自己充裕的時間做好家庭作業，好好用功準備考上大學。

負面念頭：既然我老公／老婆那麼冷漠，我也不想表現出關心他／她的樣子。

正面念頭：我打算盡全力維護夫妻感情，即使另一半表現得漠不關心，我也不用隨他／她起舞；我可以做得比另一半更好。

負面念頭：

- 我不想再
- 我必須停止
- 我不應該
- 我不會再

正面念頭：

- 我真正希望的是
- 我想要
- 我的目標是
- 我能做到

練習2

反其道而行

在一部很受歡迎的連續劇「歡樂單身派對」（*Seinfeld*）中，男主角傑瑞告訴喬治說，如果他人生中曾做的每個決定都是錯的，他就該反其道而行才對。所以，你該找出某種積弊已久的負面思考和行為模式，譬如耽溺過去、憂慮未來，或不斷抱怨自己不能掌控的事情。現在想想反其道而行的方法，然後填寫在以下空格。

- 我不想再把情緒能量浪費在
- 我打算反向而行，把力氣花在
- 結果我發現自己現在有更多時間去做

- 以前我曾花大把時間在思考

- 現在我經常集中精神思考

- 以前我常浪費很多時間去做

- 現在我花比較多時間去做

- 由於花精力的方式改變了，現在我覺得

練習3

精力重分配

本習題是為了幫助你瞭解自己的精力都用到哪裡去了，這樣才能把精力用在對身心比較有益的地方。

耽溺過去：找出三種會讓你感到憤怒、痛苦、氣憤或嫉妒的處境，並舉出三個例子，以認清自己因沉浸於這類情緒而阻礙了想達成的目標。

憂慮未來：找出三種讓你操心未來的煩惱事，必須是長期以來反覆出現又令你極為苦惱的事情。

煩惱無法掌控的事情：找出人生或工作中無法掌控、卻會引發嚴重焦慮感的三種情況。

現在，藉由回答下列三種問題，學習重新調整自己運用精力的方式。

如果你耽溺過去：我不再想克服因過去創傷所引起的憤恨、激怒與羞愧，如今只想專注於

如果你憂慮未來：我不想再為將來可能發生的負面事件而不斷煩惱，只會把注意力放在

如果你為無法掌控的事情煩惱：我不想再無謂地操心自己無法掌控的人與事，只想專心去做下面做得到的事情

Chapter 7

想維持人際關係，端賴增進自我力量，而非強化他人惡行

問：換一個燈泡需要多少心理學家才能辦到？

答：只要一個——可是燈泡本身必須有想換的念頭才行。

雖然理智上都不難理解本章所提真相的涵義，但從人們的行為表現來看，大多數人其實並不真的瞭解。我們也許知道不能強迫別人改變行為，但還是忍不住埋怨配偶不夠上進，或不時訓誡小孩要用功讀書，否則就要「給他點顏色瞧瞧」。

為什麼會要花那麼多精神去改變所關心親人的言行舉止？為什麼無法瞭解這麼做並不能改變別人的行為，甚至還會傷害彼此的關係？不妨舉個例子。有個丈夫很討厭妻子常害他們在重要場合遲到。每當公司年度晚會時她總是遲到，不然就是因為她而讓他們錯過了開場表演。事後他總是故意跟她冷戰，或對她冷嘲熱諷，在別人面前貶損她，長篇大論地告誡準時的重要性，不然就威脅說以後再也不帶她出席重要場合了。

想想看，為了操縱別人的行為，我們做過多少不該做的事。你曾經對別人嘮叨、訓斥、乞求、爭辯、責罵、誘騙、恐嚇、侮辱、威脅、懲罰嗎？不管怎樣，人人都知道我們沒有權利去改變別人，對方必須自己主動改變才行。也許大家早就有很多可證實此看法的經驗。譬如，我們當然可以威嚇、貶抑或斥責別人遲到的錯誤，可是這並沒有多大用處，只會引起對方反感，認為我們想控制他。但即使知道這種做法沒用，我們還是會一直這麼做。

為什麼會這樣呢？為了瞭解這個問題，必須弄清楚別人對於他人徒勞的控制常有的反應。

聊勝於無的暫時掌控

利用責罵、哄騙或大吼大叫的方式要求別人不要再做某事，或許能暫時改變別人的行為。例如只要爸爸吼一聲，小男孩就不敢再欺負弟弟；一個被老婆嘮叨的丈夫，也可能把他放在客廳的髒盤子拿去洗一洗；一個愛遲到的老婆在老公威脅之下，下次可能暫時會準時出席宴會。然而操縱別人行為的做法就像酗酒或吸毒一樣，也許可以暫時紓解自己的精神壓力，卻無法從根本上改變別人或解決核心問題。然而大家還是常常故技重施，只為了得到暫時性的紓解效果。

例如瓊安對於老公羅伯特花錢老是超出預算，非常火大，就快受不了了，於是威脅說要是再亂花錢，就要跟他分手。即使瓊安知道威脅的手段不是長久之計，但她還是這麼做了，原因有三：一、可以藉此宣洩怒氣，讓自己舒服一點；二、希望她的威脅能迫使羅伯特道歉；三、可以自欺，認為自己對老公還有一些掌控力。其實等事情平息之後，羅伯特多半又會恢復亂花錢的老毛病。

在某些情況下，想要改變摯愛親人的行為，幾乎是一種難以避免的衝動，尤其現在若不這麼做，未來似乎會更糟時，更是如此。如果孩子不守規矩，父母也經常會有這種反應。例如，提姆和貝西夫妻倆就曾與念中學的兒子傑森陷入權力的拔河戰。這對夫妻都是大學畢業，工作頗有成就，對兒子的教育投資不遺餘力。傑森很清楚父母極看重他的教育，也很瞭解如果成績搞砸了，父母會多麼在意。提姆和貝西不喜歡無力管控的感覺，所以總是設法找出他們認為最好的方法來掌控兒子的讀書習慣。然而這種做法不僅徒勞，甚至會產生反效果，更不可能給予傑森用功的動力。對於父母的責罵，傑森只會以故意不唸書、翹課、不做作業來報復。

其實提姆和貝西都是聰明人，很清楚傑森是為了反抗而反抗，那為什麼還要試圖控制他呢？即使只是一種錯覺而已，但似乎唯有如此，父母才會覺得自己還管得住孩子。其實用恫赫的方式逼傑森成績進步一點用都沒有，就像不可能用說的就可以讓他長高一公分一樣。

以下是另一個典型的例子，說明人們總是想說服或強迫他人改變行為，但不僅不管用，甚至傷感情，對增進彼此關係可說有害無益。迪妮斯的老公查理是個酒鬼。儘管醫生已經警告他，如果再不戒酒，就活不過六個月了。迪妮斯也試過各式各樣的方法勸他戒酒。她曾經把他趕出家門，後來卻不得不把他接回來；她也曾跟他談判，要他只有在外面時才能喝酒；她還要他答應只能喝啤酒，甚至要求他把整個薪水袋交出來，以為這樣就能控制他買酒的數量。然而查理還是想法設法繼續喝酒，迪妮斯則益發沮喪，很害怕查理還不到四十歲，就得為他送終。更無奈的是，因為迪妮斯對查理總是反悔又不守承諾感到既生氣又傷心，查理則很氣憤迪妮斯自以為能告訴他該怎麼做，她的處理態度最終傷害了兩人的感情。

迪妮斯實在應該聽一聽「戒酒者家屬協會」（Al-Anon）的建議；這是一個幫助酗酒者配偶的自助團體。該組織與「匿名戒酒會」所秉持的原則一致，主張酗酒者家屬應「關懷而不干預」，不要只把重心放在酗酒者身上，而該多注意自己的言行。也就是說，該組織教導酗酒者家屬多思考三件事：一、我不該成為配偶酗酒的**肇因**；二、我沒有能力**治癒**酗酒的毛病；三、我必須學習**因應**酗酒問題的有效方法。

當然，這三件事都是說來容易做來難。然而該組織課程所強調的重點是：就像酗酒者無力改變自己貪杯的癮頭，酗酒者的配偶、有共依存症傾向的人（codependent，編注：讓另一人的行為影響自己，且執著於控制該人行為的人），也同樣無力改變另一半的酗酒毛病。無力改變別人的行為固然很難讓人接受，正如匿名戒酒會的主張一樣：我們對人、地、事都已無力掌控了，但幫助別人克服問題與困難卻刻不容緩。

承認自己已失去掌控力，卻並不表示就無法改變自己、或改變自己對別人的反應模式，或是在與配偶的關係上，沒有能力決定究竟該積極投注心力、或只能消極容忍對方。重要的是要充實自己的力量，而不是造成對方的惡習更嚴重，因為唯有如此，才能建立健康的人際關係。只要能把重心拉回自己身上，只做幫得上忙的事情，那麼我們對所愛的人就能產生間接卻有力的影響力。事實是，每個人都只能掌控自己的行為，如果不能在行為上貫徹這個觀念，控制他人的做法注定會產生反效果。

增強自我力量的四撇步

上述道理乍聽之下也許與我們的直覺有些牴觸。看到別人在不幸中愈陷愈深，自然會產生一股想拉他一把的衝動，更何況這個人還是自己所深愛的人。所以我們難免會威脅、哄騙、操縱或責罵對方，希望他能有所改變。可是一旦認清這些做法都無用的，就必須採用其他更有效的策略。

以下將提出可增進自我力量的四個步驟，只要遵照實踐，就會發現對方對我們的需求更有反應、更注意他本身的問題，也會更有意願以正面方式改變舊有行為。

1. 用適當態度表達自己的感受

應以第一人稱——我——的立場來談論自己的感受，並對自己說話的態度負起全部責任。例如：「當你說我很沒用時，我覺得很難過。」「我參加宴會遲到時，覺得很尷尬。」「因為你是酒後駕車，所以我非常擔心你的安全。」「你答應放學後要除草卻沒做到，讓我感到很失望。」

總之，要常常以「我」的立場來表達，讓對方瞭解我們因他的行為所產生的感受，而不要只會說「你是個懶惰鬼！」「你就是會騙人！」「你跟你那無能老爸沒什麼兩樣，難道不是嗎？」因為這些話並不是在表達感受，而是用言語辱罵對方。即使極其有禮地修飾指責對方的言辭，像是：「你這麼做就是想讓我傷心，你真是愛說謊。」「不要一天到晚只知道找老師的麻煩。」用這種態度說話，也只會因傷害對方而更強化對方的惡習，到頭來自己會更加傷心難過。這正是我們常犯的錯誤。

2. 明確表達自己的要求

與其大肆威脅或嚴厲要求，讓對方知道他對我們情緒的影響力有多大，還不如盡量語帶情感提出具體要求。

這不是說我們經常抱怨或哀聲嘆氣，而是要以請求的方式來表達自己的感受。例如：「你決定跟我離婚，我真的很傷心，希望你能考慮再去做做婚姻諮商。」「我很擔心這學期你會被學校退學。我希望你能更重視自己的成績。」「我已經決定和你交往，所以我希望彼此都不要再去找別人了。」「我不喜歡你用那些暱稱叫我，以後不要再那樣叫我了。」

用明確的請求表明自己的感受，就能清楚指出對方的行為讓我們難過，只要改變做法，我們可能就好過多了。表達自己的要求並不是在批評對方，也不是在告訴對方我們認為他該怎麼做。我們只不過是在陳述自身的感覺，並要求對方改變會影響我們情緒的那些行為而已。

3. 劃出自我界線

在下一章裡，本書將進一步談到該如何在人生各方面設下界線的問題。此處談的只是如何劃出自己的地盤。也就是讓對方知道，我們只是希望合理而明確地掌握自己的生活領域而已。像：「不准在我的車裡抽菸」是在設定私人領域；「每月十五日以前若未付清款項，將科以五％的罰款」是在設定一般商業規範；規定行車速限則是在設定一種法律規範。每個人都應該在合理的範圍內設限，以免受到別人行為的傷害。但如果你對配偶說，「你不能邀請你的朋友或家人到我們家裡來。」這就是錯誤的設限。

美國加州大學洛杉磯分校（UCLA）棕熊隊傳奇教練約翰・伍登（John Wooden）的管理就很嚴格。他堅持在整個球季裡，所有的球員都要打扮得乾淨整齊。有一年在全隊第一次練球時，隊上一位明星球員留著長髮現身。伍登提醒他依隊規必須儀容整潔，該明星球員卻大膽宣稱他喜歡留長髮，認為伍登沒權利要求他怎麼打扮。「你說的沒錯，」伍登說，「我是沒有權利這麼做。不過我有權利為我的球隊制定規矩。我希望你知道我完全瞭解你的感受。那麼我們再見了」。第二天，這名球員把頭髮剪短了才回到場上練球。

曾在南加州大學教書的力奧・巴斯卡力（Leo Buscaglia）教授是一位暢銷作家，他曾在書中敘述自己第一次瞭解劃出界線這個概念的親身經歷。力奧年輕時，曾到歐洲旅遊，第一次享受離家獨立的快感。旅遊一段時間後，他身上的錢快用光了，必須盡快弄到錢，於是他決定用當時最便宜的美國西聯電報（Western Union Telegram）通知母親他目前的窘況。他發了一封電報給母親：

媽媽
缺錢
菲力斯（小名）

據說他母親花了一整天仔細思考之後，才決定以如下最好的方式回覆他的電報：

菲力斯
沒錢
媽媽

直到後來力奧才懂得母親的苦心，因為這封電報是以極困難卻很重要的方式來幫助他成為一個獨立的成人。至今他仍很感激母親當時能剪斷他的臍帶，在母子之間劃出了界線，以這種智慧的方式讓他邁向成熟。

還有一些設定界線的方式，包括：

- 「除非你能好好把蔬菜吃完，否則不准吃飯後甜點。」
- 「除非你能保證我們是一對一的情侶關係，否則我不會跟你上床。」
- 「如果你還是遲到，我就會每次扣你半小時薪水。」
- 「你不可以再對我大吼大叫了，否則我會離開這個家。」

4. 妥善照顧自己

在不得已的情況下，如果能與人保持適當的距離，就能增強自己的力量。換言之，為了自我保護，不用虛言恫赫，只要不過分干預別人，管好自己的事就行了。譬如，除非開車的人確知四周警力森嚴，否則即使有限制車速的法規，駕駛人也不會遵守規定；除非逾期繳款要罰鍰，否則大家都懶得在期限內繳費。也就是說，社會需要各種規範，人與人之間也是如此。

所以說，即使你無法控制、改變或治癒別人的不良行為，但如果有人毆打你，至少你可以打電話報警；如果老婆對你大吼大叫，至少你可以暫時離開房間；萬一發現十幾歲的子女在上成人網站，你也可以把他們的電腦從房間搬走。此外，我們也可以把一段建立在謊言上的關係結束掉；在老公喝得大醉之後不與他同床；拒絕與一個成天只會睡大頭覺的男生交往，除非他肯認真去找一份工作或創業；你可以乾脆辭職不幹，除非老闆答應不再三不五時用言語羞辱你。

就算你無法改變、掌控或治癒別人的毛病，至少能好好照顧自己。這是一種很重要的能力，我們鼓勵你一定要善加運用，即使這麼做會令你害怕、傷心，甚至失去伴侶或賠掉工作。把注意力拉回自己身上，就能讓你重拾自尊心。

與親近的人毫無距離以致失去自我力量，就等同你接受對方的不當行為，而且容許別人占你的便宜。匿名戒酒會稱這種做法為「強化對方的不當行為」，也等於在強化對方做出傷人傷己的事情。

教育家吉姆．費（Jim Fay）和大衛．芬克（David Funk）強調，我們必須要有「愛心和理性」，以免強化對方的不當行為。這表示必須先確定三個前提：第一，你是否瞭解自己對對方的期望；第二，你是否已讓對方瞭解你對他的期望；第三，你是否已讓對方認知其行為的利弊得失。換言之，一旦清楚這些答案，就不需再情緒化地想操縱對方的行為，能夠真正掌握看似難以挽回的後果。

強化對方惡習會令自己該強卻弱

親密關係也需要平等對待才行，但若你強化對方的不當行為，就等於授予他全部的權利卻喪失了自己的力量。

雖然只基於關心對亟需幫助的親人伸出援手，結果卻被視為在強化對方的惡劣習慣，這個觀念很多人都難以理解。曾有患者告訴我，他們知道自己的配偶、朋友或子女正處於某種壓力之下，所以認為對方的不良習慣只是出於想紓解壓力。因此我們該怎麼區別自己是在強化別人的惡習，還是在幫別人紓解壓力？

想瞭解兩者差別，不妨用「那就是愛」（*That's Amore*）這首歌的調子來唱唱下面的歌詞：

在與瑞克痛飲時，
你認為他只是心情不好，
那就是害了他。

在她縱情狂歡時，你卻為她買單，那就是害了她。

如果你很清楚自己的成年兒子已經兼了兩份差事，也從來不亂花錢，那麼你把錢借給他養活一大家子，當然是合理紓解他的經濟壓力。如果你老婆要求你幫忙打電話給她母親，藉口說有事所以晚上不能陪母親逛街，由於你知道她通常都會自己與母親溝通，那天只是壓力太大才這麼做，所以幫忙打這通電話的確是在幫助她。

想區分自己是在真正幫助對方還是強化對方的惡行，有一個重要的判斷標準：如果你為某人所做的，是對方有能力做到、或應該由他自己去完成的本分，那麼你的「幫助」多半是在強化他的某種不良習慣。畢竟如果妨礙他人為自己行為的後果負起責任，讓他無法從人生經驗中學習、成長、蛻變，等於是害了對方。

另有一個方法可以助你評估：如果對方已經極盡全力做了所有能做的事情，卻仍需要協助，那麼幫他一點忙應該沒有問題。真正的幫忙通常讓人感到很愉快，愛之適足以害之卻一定會令人氣惱。也就是說良性的幫忙令人感覺良好，惡性的幫忙則讓人感覺被對方利用了。真正的幫助應該是平等互惠的，愛之卻害之的不理性幫忙卻只會肉包子打狗，有去無回。

還有一個幫你認清自己是助人或害人的方法：如果你對對方的用心超過了他該為自己所做的努力，那麼你多半是在愛之適足以害之。畢竟，如果你非常辛苦地賺錢供孩子讀書，他自己卻不好好用功，那他究竟學到了什麼呢？不管他學的是工程或金融，文學或哲學，其實他唯一學到的應該是：無論成績有多糟糕，老爸都會幫我付學費！

所以在此要再三重申：沒有人能改變他人，任何改變都必須發自當事人內心。這才是維繫並強化彼此關係的關鍵。

唯有我們本身能朝正向進步，才能影響他人也往正面改進。

可是要怎樣知道自己已真的決心謀求改變？只要回顧一下前一章的主旨，就知道其實人很容易在憤怒的激情中耽溺不振，卻很難鼓起勇氣改變自己的作為。

所以，為了克服自己抗拒改變的心理，並建立親友之間緊密的關係，你必須瞭解一般人在自我改變過程中必經的幾個階段。

如何改變自己並增強力量

心理學家約瑟夫・普洛切斯卡（Joseph Prochaska）和李察・狄克雷門特（Richard

DiClemente）在他們的著作中指出，人們在自我改變過程中，通常會歷經以下五個階段：

階段1——無意圖期：在這階段，我們還沒想過要改變自己的行為，甚至還會抗拒改變。

階段2——意圖期：這時我們已意識到自己有必要改變做法，正在衡量改變的利弊得失。還沒有想出行動計畫，但已知道改變是有好處的。

階段3——準備期：我們已決定要採取正向的改變行動，於是開始積極準備做出改變。

階段4——行動期：這時我們已真正開始改變行為，追求更健康積極的做法。

階段5——維持期：此時我們至少已改變作為長達三個月以上。這個階段的目標是繼續前進，以防故態復萌。

想想看你目前正處於改變過程的哪個階段。

你是否為了改變自己與重要親人的相處方式，所以不斷努力改進做法？你是否早已下定決心，下次與這位親人見面時，自己的表現方式一定要有所不同？你是否能貫徹自己的行動計畫，譬如下次見面時，你打算讓對方瞭解他的行為讓你有什麼樣的感受，而不是一直批評對方的做法？

知道自己處於改變過程的哪個階段是很重要的，因為很多人都一直卡在前幾個階段，所以從未真正改變自己的行為模式。

上述兩位心理學家發現，參與實驗者之中沒有真正貫徹改變計畫的人，有百分之四十處於無意圖期，百分之四十處於意圖期，剩下的百分之二十處於準備期。你的目標是要知道自己卡在哪個階段停滯不前，然後記住上述各階段的過程，以繼續努力逐步前進，直到自己能真正付諸實行，再也不重蹈覆轍為止。

你可以把增進自我力量的四個做法與此改變計畫合併運用。譬如，增進自我力量的第一個步驟，是要用適當的態度表達自己的感受，所以你就應該開始思考：為什麼自己需要改變與對方相處的模式？接著就準備做出改變計畫。換言之，這套做法能幫你把增強自我力量的理論付諸實行。

再回顧一下查理和迪妮斯的例子。當時迪妮斯是多麼憂慮老公如果繼續酗酒，也許只剩下幾個月可活了。截至目前為止，她所有的努力可說都白費了。既然無法讓他停止酗酒，至少她能運用增進自我力量的四步驟來改善夫妻關係。

所以，與其試著控制老公喝酒的惡習，或不斷對他說教、求他戒酒，甚至威脅要他交出薪水袋等，迪妮斯還不如以自己的立場向對方表達感受，「我很愛你，很怕失去你，尤其害怕你會因喝酒而送命。你繼續喝下去，會讓我很傷心。」

接下來，她可以向查理表達自己的請求，「我希望你到戒酒中心去戒酒。」

第三個步驟是設下兩人之間的合理界線，「如果你繼續飲酒，我就不跟你住在一起了。如果你不去戒酒中心，我會離開你。我不想看到你被酒精毀了。就算我沒辦法讓你不喝酒，我也不會在旁邊看著你繼續喝下去。等你下定決心後，再打電話給我吧。」

第四個步驟是她必須處理好自己的事，否則她在查理面前就毫無威信可言。所以她只好遵守自己設定的界線，只要查理還喝酒，就絕對不出現在他面前，如果他執迷不悟，必要時甚至不惜離開他。

只要迪妮斯能貫徹這四個步驟，查理很可能在「跌到谷底」後，下定決心用意志與酗酒問題搏鬥，並向外求援。

所以，一旦迪妮斯改變了處理老公酗酒毛病的行為模式，並間接促成查理戒酒的決心，她就能再度感受到自己的力量。總之，這就是迪妮斯改善與查理的互動模式、使夫妻關係更健康的不二法門。

增進自我力量的做法也許不易拿捏，不妨做點練習以貫徹之。

練習 1

你會對親友做出愛之適足以害之的行為嗎？

想想看這輩子誰最讓你感到沮喪？回憶一下此人讓你沮喪時，你如何與他互動，並試圖用什麼方法改變或影響他的行為？

下面所列出的是一般人想操縱別人反應的一些常見技巧。請選出一或多種你最常用者，並如實把自己對對方所說的話寫在空格內：

1. 嘲諷或挖苦對方的話
2. 令對方產生罪惡感的話
3. 威脅對方的話
4. 避重就輕的話

5. 愛與人比較的話（「為什麼你不能多學學約翰或瓊恩呢？」）

6. 用大嗓門說話（大吼大叫）

7. 採用冷戰法

● 其他

練習 2

練習表達自己的感受

這個練習很簡單；把自己的感受直接告訴對方即可：

當你（做某事時）

會讓我覺得

當你

會讓我覺得

當你

會讓我覺得

練習3 利用ASSERT六大原則修復彼此關係

我們可以運用ASSERT六項原則來表達自己的感受，並以不帶任何批評、憎恨或其他負面情緒的方式，向對方提出要求。只要依循這些原則，就能不貶抑對方卻增進自我的力量。

A（Attention，注意力）：引起對方注意。

S（Soon，立刻）：對方的問題一發生，立刻設法依據此六原則與他溝通。

S（Specific，目標明確）：目標明確地針對對方不良習慣作溝通。不要攻擊對方。

E（Effect，後遺症）：針對自己的感受，討論對方惡習對你產生的不良後遺症。

R（Response，反應）：找出新的反應模式來處理對方的問題。

T（Terms，條件）：向對方提出新的條件，以重新建立相處模式。告訴對方如果採用新的相處模式，對彼此關係會產生正面影響。

現在試著把上述六原則用在你與對方的相處上，並寫下運用每個原則時，你會怎麼說怎麼做：

A. 你打算怎樣引起對方注意？

S. 與對方發生衝突時，你打算立刻與他討論彼此的問題嗎？

S. 你打算很明確地跟他討論他的哪種行為？

E. 對方的惡習會對你產生怎樣的不良後遺症？

R. 你希望對方對你做出怎樣的反應？

T. 一旦與對方建立了新的反應模式，你們的新相處條件會是什麼？

練習 4

堅持合理界線、強化自我力量的一些做法

如果你的配偶、子女、重要關係人、雙親或好友不打算戒除不健康的舊習，又不肯接受你所設下的新規範，那麼你必須貫徹自己所制定的標準。請在下面空格中描述對方違反新規範的不良行為，並寫出你為強化自我力量而不得不做的一些因應措施：

如果我的配偶/重要關係人不肯戒除以下行為：

- 我打算這麼做

- 我也可以這麼做
- 我已經準備好這麼做

如果我的好友不肯戒除以下行為：

- 我打算這麼做
- 我也可以這麼做
- 我已經準備好這麼做

如果我的家人不肯戒除以下行為：

- 我打算這麼做
- 我也可以這麼
- 我已經準備好這麼做

Chapter 8

設下自我界線，就能防禦他人的排斥、侮辱與恐嚇

我的自尊沒人可以踩踐，更不需仰賴他人認可。

——靈魂樂盲人大師雷．查爾斯（Ray Charles）

每個人都來自同一塊麵糰，卻從不同的烤爐烘焙出來。

——猶太諺語

二〇〇七年六月十日出刊的《展示》（*Parade*）雜誌曾提出一個問題：「荷莉．貝瑞（Halle Berry）、克莉絲蒂．布林克雷（Christie Brinkley）和席安娜．米勒（Sienna Miller）都這麼美，為什麼另一半還會偷腥？」這篇文章強調，如果連這些美女明星都無法讓伴侶幸福滿意，其他女性還有什麼指望呢？究竟女人必須美到什麼程度，才能保證男人不會花心？

針對這個問題，《展示》雜誌的「好萊塢兩性關係專家」凱瑟琳．艾莉絲（Kathryn Alice）在文章中寫道：「男性出軌是因為本身有問題，例如心懷憤怒、無聊、嫉妒、性成癮等，而不是因為他的女伴有任何缺憾。」艾莉絲認為，出軌行為只反映了出軌者本身的毛病，與其伴侶的好壞美醜並無關聯。

所以女性該怎麼做才能避免老公在外偷吃呢？說得更深入一點，該如何保護自己不受伴侶的粗鄙言語及暴力舉動的傷害呢？答案就是要設下自我界線（ego boundary）。

瞭解人我份際

界線是指區分人我的那道線，「自我」是指自己。自我界線意即要瞭解人我份際。心理學家亦稱自我界線為「自我分化」（ego differentiation）。

每個人的思想、感受、言語、行為，都在在表達你的個人意見。所以，我對待你的方式其實是在表現我這個人，與你沒有多大關係。如果我對你很仁慈，只表示我有仁慈的能力與意願；如果我對你表現得很高傲，那也只表示我是個高傲的人而已，與你並沒有很大關連。

羅夏墨漬測驗（Rorschach test）是一種知名的心理學工具，讓受測者看著墨水點繪的圖形並請他解讀，以反映出他的思想、感受，以及把事物概念化的獨特方式。這種測驗也是一種心理投射測驗（projective test），從受測者對墨漬的想像，來瞭解他看待世界的方式。

人們看待彼此的方式也如同羅夏墨漬測驗，其實只是把自我主觀的想法投射到對方身上。這也是為什麼有些人會漠視我們，另一些人卻看重我們；有些人憎惡我們，也有人卻愛慕我們。想想看我們最熟稔的一些朋友當中，真的有人很瞭解你嗎？是否他們每個人對你的觀感都不盡相同？

有一種說法是，如果有一千個人認識你，你就有一千個不同的風貌。你所認識的每個人都會以他獨特的方式理解你、對待你。換言之，人們對待你的方式其實表達了他們是個怎樣的人，而非你是個怎樣的人。因此，我們必須設定明確的自我界線，否則很可能受到負面（或過分正面）言行的傷害。有時朋友因為心情不佳，轉為對你的正直和同情大肆抨擊，這當然不是你的錯，可是如果你沒有設下健康的自我界線，麻煩就大了。

以下「瞎子摸象」的故事，可以清楚詮釋上述觀念：

五個盲人分別踏上不同的旅程去發掘真相。有個智者教導他們一切所需的技能，以便找到一種象徵智慧來源的奇特動物。五位盲人只知道這種動物叫作「大象」。在找到大象之後，大家開始觸摸大象，希望知道牠的長相。

第一個盲人抱著象腿，覺得好像抱住一棵樹幹，穩固而厚實，於是他聲稱大象就像一根柱子。

第二個盲人抓住象耳，認為大象就像船隻的風帆。

第三個盲人捉住象尾，於是說大象就像一條繩子。

第四個盲人敲打著象牙，認為大象光滑而尖銳。

第五個盲人觸摸到象舌，心想大象濕潤而溫暖。

五個盲人交換心得後，發現每個人對大象的觀感都不同。雖然他們每個人都發掘了真相，但沒有一個人知道大象的完整面貌，也沒有人知道大象的生命起源。其實他們每個人都只是根據自身的觀點，把局部的經驗形塑成自以為是的大象而已。

心理學家發現，大多數的外在刺激都不會在人們身上引起固定的感受，除非之前經過某種創傷，或學到某種教訓（痛苦或會毒害人的外在刺激則例外，像是極大的噪音或電擊等，對大多數人而言感覺都相同）。一個以前對武器毫無概念的人若遇到一個持槍者，他的反應多半是很中性的，可是過去吃過子彈的人反應就大不相同了。在人際關係上也是如此。譬如，你會把你的觀念（根據你之前的經驗）投射在我（屬於中性的刺激）身上，造成你對待我的方式。所以你可能認為我是個救星、笨蛋、色情狂，或是你的人生絆腳石。至於我是不是真的如此，或部分如此，至少就我們之間的關係而言，這些都不重要，畢竟你是根據你自己對我的觀感，才那樣看待我的。

凱蒂做了胃繞道手術，這是為了治癒她病態肥胖的最後一步棋，希望能藉此改變她的人生，也延長她的壽命。手術之後，她就必須大幅改變進食習慣，以後再也不能大吃大喝了。

感恩節那天，凱蒂受邀到瓊恩家吃晚飯。瓊恩是凱蒂朋友的朋友。凱蒂如今頂多只能吃幾口火雞而已。可是瓊恩因為跟凱蒂並不熟，當凱蒂婉拒一些食物時，瓊恩就覺得受到屈辱。瓊恩對自己的手藝非常自豪，每年赴宴的賓客對她的菜餚也都讚不絕口。所以即使凱蒂隨即解釋，因為手術之故，如果吃多了會生病，可是瓊恩還是認為自己受到委屈，不肯相信有任何人居然會不肯吃她親手做的佳餚。

為什麼瓊恩會覺得受辱呢？只有一個理由，就是她的自尊心至少有一部分會隨著別人對她或她做菜手藝的觀感而起伏。瓊恩沒有能力把凱蒂的婉拒進食和自己手藝的好壞視為兩件不同的事。乍看之下，瓊恩的反應說得好聽是不太理性，說得難聽簡直就是精神不太正常。但很多人的反應其實都跟瓊恩差不多。

如果沒有明確的自我界線，就很可能把一件小事看得比天還大，以為事態嚴重，其實完全與事實不符。發現別人不吃自己做的料理當然會有點惱火，但這還算小事；如果因為自我界線如此脆弱，以致影響了重要的人際關係，就太不值得了。

席拉與比爾結縭三十多年，比爾一直不是個很會對妻子示愛的丈夫，不過夫妻倆仍然感情融洽，席拉也覺得自己的婚姻相當幸福。可是後來席拉遇到了卡爾。他擁有比爾所沒有的一切優點：風采迷人、嘴巴很甜，極度迷戀席拉。卡爾覺得席拉美麗動人，在席拉面前也從不避諱，大膽示愛。卡爾常到席拉工作的地方拜訪她，還會寫詩給她，甚至夜裡輾轉難眠思念她時，還會打電話傾訴心曲。最後席拉終於為了卡爾而離開老公，同時表示自己一生中從來沒有如此快樂過，因為她現在覺得自己真的備受珍愛驕寵。卡爾也對她非常著迷，不時把自己對她的感情掛在嘴上。

可是等席拉搬去與卡爾同住之後，一切都變了調。她在他身上看到過去沒發現的無情一面，再也沒收到鮮花和情詩，無邊的讚美傾慕之辭也早早訴盡，熾烈的感情化為灰燼。

一旦把席拉追到手，卡爾就不再把她放在眼裡。當席拉哭訴卡爾的無情讓她多麼傷心時，卻把卡爾推得更遠。他要她走開，席拉因此深感羞愧、挫折，尊嚴蕩然無存。更糟的是，她已不知該何去何從。

她不斷自問，「我究竟做錯了什麼，卡爾竟然不再愛我？」她失去了老公，又失去了卡爾。最慘的是，她失去了自我。她不得不以一個離婚女性的身分一切從頭開始。然而不斷困擾她的痛苦並不是因為她失去了這一切，而是因為她自認已失去了完整的人格，個性又不討人喜歡。她心裡不停盤旋的疑問是，「我到底出了什麼問題？」

卡爾對席拉的濃情密意其實並非出於真愛。事實上他已經用這種浪漫手法追求過不少女人，只不過一旦追到手，就都把她們甩了。其實一切問題都出在卡爾身上，與席拉並沒有多大關係。也就是說，搞砸這一切的原因並不是席拉欠缺「完整的人格」或「不討人喜歡」。但她卻把卡爾對她的態度看得很重，所以受傷很深。後來終其一生，她沒有再與人談過戀愛。

現在再看看莫妮卡的例子。她來做心理諮商是因為與男友路克的關係出了問題。剛開始交往時，莫妮卡還以為自己找到了可以託付終身的對象，可是後來情勢急轉直下，因為路克對她的態度一直很輕蔑無禮。起初路克會在公開場合貶抑她，當時她會一笑置之，不以為意。但他的態度也讓她很難與他交心或深談。後來路克的態度愈發粗魯，於是她對兩人未來的夢想和期待才開始動搖。她接受了他的負面態度，認為大概是自己的期望太高了。

直到接受心理診療後，莫妮卡才發現是因為自己沒能設下自我界線，才會把路克的毛病歸咎在自己身上。她開始瞭解自己的需求（開誠布公、承諾、尊重）並不過分。正因為路克輕視這些合理的期望，他才會一輩子難以和女性相處，畢竟沒有任何女人會一點自己的意見都沒有。莫妮卡也終於瞭解到，由於她任由他欺負，已經使得彼此跨越了健康兩性關係的界線。

最後她為自己畫了一道象徵性界線，讓自己與路克保持適當的距離，以免他的控制欲、與女性相處的問題、不尊重女性的習慣會傷害到自己。在這種前提之下，她才能清楚地讓路克知道，他的某些行為實在是她難以忍受的。然而後來他仍忽視她明確表達的期望，她才終於結束了這段感情。所幸，莫妮卡並沒有把他拒不接受自己的期望，視為自己的問題；正因如此，她才能毅然斬斷情絲，毫不怨天尤人。

不必為別人的言行承擔責任

請讀者原諒我們反覆強調這個觀點，可是大多數人其實都不善於在人我之間設下自我界線，並長期恪守。人們仍舊常因一點小事就不斷指責自己：「我到底有什麼毛病啊？」

我們常在診所裡看到人們相信自己出了很大的問題。約翰就認定自己天生不討人喜歡，因為母親在他兩歲時就丟下他，也離開了所有家人。吉妮的父親在她童年時曾對她性侵，而沒有對其他兩姊妹下手（這也只是吉妮的猜測），這件事讓吉妮羞愧難當，因為她相信自己一定做了什麼不當的行為，才會引發父親如此邪惡的慾念。賴瑞一直覺得自己是個沒用的人，因為他的繼父曾經每天鞭打他，並經常假訓練他之名，把他關在壁櫥裡面。

如果你在街上遭人襲擊搶劫、被人強暴、遇到電話詐騙、被所愛之人或好友背叛、遭鄰居騷擾、受父母漠視、被心理治療師引誘、受老闆羞辱、遭子女反抗，你認為這些遭遇與你的人格有任何關聯嗎？一點關係都沒有！

別人的行為與你並沒有關係。如果你是個小孩，你理當得到寵愛——絕不是受到性侵或遺棄。

身為一個情侶或好友，如果對方欺騙了你或背叛了你，這絕不該由你負責。即使對方也曾遭遇過痛苦或不幸，但他們的行為仍不能歸咎於你。就像鄰居院子裡的松樹不屬於你一樣，雖然松針的確曾落在你家庭院，但從此就向它們揮別吧。

然而，要是你有適當的自我界線，那些不幸就不會讓你感到羞愧、傷心或恐懼。譬如，如果朋友對你說，他覺得你是個膽小鬼，因為你不敢誠實坦然地面對他，你聽了一定很不舒服，但不應該因為這種傷人的指控，就認為自己真的是他說的那種人。對方說的話其實與你無關，他這麼說，只不過反映了他自己的恐懼感與缺乏安全感。唯有認清這一點，才能保護自己。

不過還有一點要特別留意，這並不表示你就該把自己所有的毛病都怪罪到別人頭上，裝成無辜的受害者。這就像心理專家若不能幫患者承擔起自己人生問題的責任，就無法治癒他們的心理疾病。

所以究竟哪些問題才應歸咎自己？答案是，你顯現出來的毛病才應歸咎你自己，包括你的想法、態度、感受、行為，以及你對別人行為的反應方式，都該由自己負責。別人的行為反映他自己，你的反應則表現出你自己。我們常告訴前來作婚姻諮商的夫妻，應該各自對夫妻關係的一半問題負起百分之百的責任。

在前面的例子裡，席拉很可能因為自信心不足而對卡爾做出調情的舉動，也才促使卡爾對她百般挑逗。所以席拉應該為自己的自信不足及調情動作負責，但卡爾的心態及一旦把女人追到手就翻臉不認人的做法，卻絕對與席拉無關。

因此，與不該由自己負責的行為劃清界線，才能維護自己的心靈健康。若沒有自我界線，就會有卡爾這種人越界傷害到你。要記住，我們應瞭解自己的行為動機，同時也要為自己所表現出來的行為負起責任。

不僅夫妻伴侶之間應設下健全的自我界線，用在教養子女上也很管用。珮特的二十一歲女兒艾美不僅自作主張從大學休學，還跟全家人都不喜歡的男友私奔了，珮特一點心理準備都沒有，萬分震驚。因為艾美在成長過程中一直是五個子女中最善體人意的，平時也最聽父母親的話。誰料到竟會發生這種事情？「我一定在某些方面讓她失望了，」珮特對治療師慨嘆著，「我究竟對她做了什麼，結果她連婚禮都不讓家人參加？難道她不知道我們會難過得要命嗎？」

珮特的處境對大多數父母來說都很艱難，可是如果她覺得「難過得要命」，這多半是她的自責造成的，與她女兒的行為倒沒有多大關係。雖然艾美沒有與家人商量，就突然決定休學、結婚、走進人生下一個階段，到頭來不知怎麼卻變成了珮特的錯，以為自己是個失敗的母親，她老公也是個失敗的父親。

在珮特看來，自己一定做錯了某些事情，艾美才會把家人排除在婚禮之外。她無法把艾美的決定與自己對孩子的教養當成兩件事。

如果她有很清楚的自我界線，也就是很瞭解自己的為人與為人母的極限，就不會為了女兒與人私奔而如此痛徹心扉。如此一來她反而能成熟細心地處理此事，以期未來能與艾美維持穩固的關係。

如何劃定界線

雖然人我界線很重要，但也不宜成為和睦相處的障礙。也就是說，如果有不少人對你的行為或意見都投以同樣的反應，就表示某些方面你可能需要留意調整了。

對於別人對你的看法，我們建議你應「廣納建言」，至少應衡量別人對自己的反應，多加反省，如屬正確就適時調整。

建言適當即勇於改進，建言無益則拋諸腦後。畢竟這並不是你自己的想法。譬如，要是很多人都認為你很煩人，那麼你的言行很可能出了點問題，這時就應善納建議，勇於改善；可是即使你很煩人，別人對你的反應仍操之於對方手中。也有可能就算他們覺得你很煩，仍然喜歡你。也許他們會懶得聽你說些煩人的事，可是也僅於此而已。對方可能對你說你讓他很惱火，但他還是很愛你的。他也可能拒絕與你來往，並寫封信告訴你說，你實在太討厭了，他不想交你這個朋友了。

以上這些都屬於別人的反應。如何評估這些反應、判斷這些意見，並決定因應的做法，都看你自己了。

我們也可以換一種方式來說明。要是有個人說你長得像馬，你可能一笑置之。等到第二個人說你像馬，你可能認為這是巧合。可是遇到第三個人說你像馬，你可能就該去買個馬鞍了。

不斷從外界收到同樣的訊息可能令人難過，可換個角度想，也許這正是我們需要知道的訊息。要是所有的朋友都說你很小氣，你就要勇敢面對事實（而且下次與人共餐時，記得要去付帳）。要是你不斷聽到別人說你的頭髮很美，大可相信他們，然後微笑道謝。如果電視選秀節目「美國偶像」（*American Idol*）裡的四個評審全都表示你是個音癡，不必打電話找律師——還是打給你的音樂老師吧！

自我界線能讓你對別人惱人的行徑保持合理的看法。回想一下身邊的人曾說過或做過的一些令你煩心的事。也許是孩子太退縮、老公太自私、女友太嘮叨，或老闆太愛罵人。不管那是什麼，都要認清那是他們而不是你的行為，這樣就能減少那些行為對你產生的影響。

不喜歡、不舒服的感覺仍然會有，但除非你硬要認為那些做法是衝著自己來的，否則你根本不會受到多大傷害。

根據前面幾章所提出的重要觀念可以得知，別人的行為不該由你負責，你無法掌控別人的反應，也無法治癒別人的毛病，所以才必須學會如何因應。你應該增強自我力量，而不是任由別人來左右你的感受；此外，還要設法瞭解對方的行為是怎麼回事。愈能瞭解對方，你就愈不會認為他的表現是衝著自己而來。

這樣你就能瞭解，要是母親工作壓力太大，就會脾氣不好，很容易隨口亂說一些話。要是你姊姊因為籌備婚禮忙到很緊繃，她多半不太會搭理你，很容易讓你誤以為自己做錯了什麼事情。如果你男友覺得沒安全感，就可能指責你對他不忠。要是你的部門沒有達成每月業績目標，你的上司就很可能對你的工作表現挑三揀四。

人們會根據自己的想法去做，而不會事事聽從你的意思。如果我們能瞭解對方行事為人的方式，何不就尊重他們的做法，不要期待他們都聽你的？更重要的是，何不設下自我界線，這樣一來，即使他們有負面的行為表現，對你也不會有多大影響了。

對心理治療師而言，沒有什麼事比患者不來看病卻沒取消預約更讓人惱火了。因為我們會擔心患者出了什麼事，也憂慮上次看診時是否說了什麼不當的話，才讓患者不敢再來。可如果我們知道這個患者以前也曾失約，這次不過是故技重施，就不會把他的行為放在心上。

瞭解事情原委，就不會過度難過氣餒，也不會認為對方的行為是衝著自己而來。換言之，我們不會因為患者沒來看診，就覺得自己是差勁的心理治療師，也不會把患者失約視為不尊敬自己的行為。

適當劃清界線，能讓你把人生視為舞台，身邊的人則是舞台上的演員。在舞台上，演員就是演員，所以你會為每個人貼上標籤：精神病患者、好女孩、至交好友、呆瓜、頭號愛浪漫人物等。靠著這些標籤，你才知道自己對每個人的期望。

電影裡的惡棍不會突然變成英雄，愛調情的同事始終愛打情罵俏。要是他們的行為突然有了大轉變——這是很罕見的情形——通常是因為發生了親人過世等足以改變人生的重大事件。但是即使在影片裡，一百八十度的大改變也會予人不真實感。你可以把家人、朋友、同事想成影片裡的某種角色，賦予他們各自不同的性格特徵、癖好、毛病和長處等，據以合理期望每個人的行為表現。

在這個前提下，要是某人冒犯或傷害到你，你就可以對自己說，「他這個人本來就是這副德行！」一想到對方只不過是表現出他的本色，跟自己沒多大關係，你就能釋然了。

愛琳每週會打一次長途電話給母親，忍受她對自己各方面的嚴苛批評。愛琳的母親總會絮絮叨叨地給她一些自以為是的「建言」，其實那都不是愛琳想聽到或覺得受用的意見。可是母親的批評已經深植愛琳心中，讓她很難從母親的負面陰影走出來。事實上，愛琳與其對母親採取抗拒、否定的態度，或與她爭吵、哭鬧不休，還不如對母親多瞭解一些，以鞏固與母親之間的正常界線。

為了達成這個目標，我們曾要求愛琳把母親在電話中常給她的建議和批評記錄下來，這樣一來，下次母親再打電話來時，她就能把母親提出的想法與她預擬的內容做個對照。

這種做法能幫助她對母親的批評保有一定的距離感。由於已預先想過母親會提到哪些話題，因此她能看穿母親本身的一些毛病，這樣就能減輕母親的嘮叨對她所造成的傷害，讓她瞭解這些都只反映了母親本身的心態而已。

正如愛琳所說的，「只要我對老媽多瞭解一點，就不會太把她的話當真。」愛琳也可以把這個心得運用在與他人的相處。畢竟只要我們愈瞭解別人，就愈不會認為對方的行為是針對自己而來。

社交黑帶高手

與人保持適當的自我界線——也就是懂得拿捏人我份際——能幫助你成為社交高手。武術中的黑帶高手能防禦別人的攻擊，社交上的黑帶高手則能在人我互動時保護自己。如果你很擅長人際關係，就能對別人的羞辱無動於衷，又因為明白對方的辱罵主要反映了他本身的心態，更能做到不動如山。

這種功力也能助你順利擺脫習慣性背叛伴侶的人，重新站起來；與其覺得與伴侶的關係已無關緊要，建立自我界線反而能讓你擁有足夠的勇氣，以便尋覓更美好的新伴侶。這種本事也讓你能妥善應付主管、情侶或朋友的拒斥。因為這時你就能認清對方推拒自己只是出於他本身的需要，並不代表同樣情況下其他人也會這麼做。

每個人都難免遭到拒絕、羞辱、嘲笑、困窘的情況。無論你多麼精明、成就輝煌、有同理心，都可能受到別人攻擊。對方可能並不知道你的弱點，但仍可能說一些話或做某件事而觸痛了你的敏感處。

若你很善於處理人際關係，就能不因這些傷人的言行而牽動情緒。因為你十分清楚這只反映出了對方的人格，所以他說的話或行為就傷不到你了。更重要的是，一旦確知自己能面對別人的攻擊，你就會更有勇氣和信心。

只要你明白自己並不是壞老闆或情侶口中所辱罵的那種人，就不會害怕是因為自己的緣故，而傷害了彼此的情誼。換言之，只要知道別人不能再像以往那樣傷害自己，你就能不再憂心忡忡，而能積極建立正面的人際關係。

高段的社交功力還能讓你擁有社交恐懼者避之如蛇蠍的能力：獨自去派對、餐廳或酒吧赴宴；領導眾人；帶頭與陌生人交談；甚至還能自在地公開演講。

簡言之，只要擁有高超的社交能力，無論在哪裡、與誰在一起，你都能自在地扮演好自己的角色。

可是要怎樣才能有這種能力呢？

就像習武一樣，需要勤加練習——練習界定並強化自我界線。你必須不再要求自己對他人的想法、感受及行為負責，並記住人們會用他們覺得合理的方式做事，而不會事事討你歡心。

由於社交功力是一種心態，持有這種心態就能做到以下諸事：「我是個有價值的人；我和大家一樣，都屬於這裡（某團體、家庭、團隊等）；我應己所不欲勿施於人，但不能掌控別人對待我的方式。我願意打開心胸，試著多瞭解自己和他人，並在必要時勇敢地改變自己的行事方式。除非我同意，否則別人說的話無法傷害我。我不會在害怕他人言語傷害的壓力下生活，然而會謹慎衡量別人對我的反應，並謹記自己只是引發別人行為反應的某種刺激因素而已。」

下列練習題能幫助你擁有上述種種高段的社交功力。

練習 1

練習設下人我界線

此練習的目的是幫助你學習如何區分與他人在價值觀和信念上的差異性，才能設出自我界線。不妨先想像有個重要親友，對方與自己之間存在某種嚴重的相處問題。例如，也許姊姊有時會反對你交往的對象，所以你和姊姊經常吵架。無論你選擇哪個親友或主題，接下來都要把你自己的相關想法和感受，與對方區分開來。你可以先與某人做下列練習，之後和另一個朋友、同事或家人再做一遍。

主題		
	自己	對方（配偶、上司、父母等）
價值觀		
理念		
個人背景		
期望		
行為反應		

主題		
	自己	對方（配偶、上司、父母等）
價值觀		
理念		
個人背景		
期望		
行為反應		

練習2

列出自己人生舞台的重要角色

這麼做能讓你瞭解自己對人生中重要親友的期望，也才能預先掌握他們的可能行徑，以防對方的負面行為踰越你所設定的自我界線。不妨把自己的人生想成一部電影，重要親友則是影片裡的主要演員，然後如下所述列出清單：

1. 至少列出你人生電影中五個重要演員的名字。

2. 簡略描述你認為上述每個人的行為特徵（例如：大舅子——愛挖苦人、沒安全感、頭腦靈活）。

3. 找出最適當的字眼來描述每個人的主要特徵（大舅子——愛開玩笑）。

4. 用每個人的名字、特徵等寫成一個簡短的計畫，敘述下次他們出現典型行為時，你將如何與他們打交道（包括你的想法與做法在內）。

練習3 劃清界線

想設定自我界線，一開始要先想想對方最近曾對你有過什麼惡言惡行，讓你覺得很羞愧、尷尬、沒用、愚蠢或沒指望，然後填入下列空格內：

某人（名字）：

曾對我口出以下惡言

讓我覺得很羞愧，因為

某人（名字）：

曾對我做出以下不好的行為

讓我覺得自己很差勁，因為

某人（名字）：

曾訓斥了我一頓，他說

讓我覺得自己蠢得要命，因為

某人（名字）：

曾在工作場合對我大吼，讓我覺得自己很失敗，因為

某人（名字）：

曾把我甩了，讓我覺得再也不想與人認真交往，因為

現在，把上述每句話用第二種方式重寫一遍，內容是你再也不讓別人左右你的情緒了。例如：「**茱蒂曾對我說，我倆出去約會時我讓她很糗，讓我覺得很羞愧，因為這表示我真的很笨。**」把這句話改寫成：「**茱蒂曾對我說，我倆出去約會時讓她很糗，但是我意識到即使我對她只是稍有微詞，她都超敏感的，所以我實在沒必要覺得很慚愧。**」之後，把第二種說法再換成第三種說法，以提醒自己該如何保護自己，才不會產生負面情緒。例如：「**茱蒂曾對我說，我倆出去約會時我讓她很糗，可是我提醒自己：其實我是個很顧慮別人感受、很有愛心、同理心的人。**」

Chapter 9

放手讓別人做他自己，而不必成為你所期望的模樣

如果男人對你不忠實，沒必要離開他，應該繼續跟他一起生活，以確保他的餘生都活在地獄裡。

——美國女藝人羅斯安妮·巴爾（Roseanne Barr）

丹尼斯從來沒料到老婆辛西亞有一天會離開，更別提是跟他最要好的朋友跑了。她搬去和另一個男人同住，讓他覺得沒面子又痛苦不堪。其實在辛西亞決定和他攤牌之前，他早就在本地的一個單身酒吧裡認識了提芬妮，說來荒唐，他馬上就與這個才剛認識的女人同居了。這沒什麼大不了的，也許吧。但是當辛西亞知道有提芬妮這個女人存在時，簡直火冒三丈。她不希望自己的老公跟那種「爛女人」搞在一起，所以自導自演了一場戲，想把老公勾引回來，再把自己的外遇情人——老公的那位好友——踢掉。

丹尼斯果然上了鉤，那個週末終於回到老婆身邊，但很快就發現自己很想念提芬妮，又回頭去找她。可是辛西亞不肯善罷甘休，繼續找理由要老公回家，然後誘他留下來。所以丹尼斯偶而回家過夜，再回到提芬妮那裡。連續好幾個禮拜，丹尼斯會偶而回家與老婆廝混。

等到提芬妮發現丹尼斯竟然背著她回家找老婆，氣到快崩潰了，到處跟親友訴苦，這些人當然會慫恿她離開丹尼斯。可是提芬妮覺得自己好像在跟辛西亞較勁——這可是場絕對不能輸的比賽。她的策略是：去引誘辛西亞之前的那個外遇對象。可惜這個把戲沒能成功，而丹尼斯與辛西亞也決定再做最後一搏。為了嘗試挽回婚姻，他們想做婚姻諮商，所以告訴我說，他們想要「學習如何信任對方」。

雖然大多數人不會像這對夫妻如此糾纏不清，不過建立互信的確是治療夫妻關係的重要課題。大家常會問，「我該怎麼做，才能讓他值得信任？」或「請把她的毛病治好，讓她變成一個可以信賴的人吧！」然而無論心理治療師或任何人，都沒有能力改變一個人。到底該拿那些不可信賴的人怎麼辦？只能放手讓他做自己。

我們不能期望別人成為我們心目中的模樣。因為人會照自己認為合理的方式去做，而不會照別人認為合理的方式去做，也不會事事只為討他人歡心，或一定遵照他們承諾的方式做人做事。如果每個人都一樣，我們就能信任別人用他自己的方式做事，而不用擔心自己被利用或感到失望。可惜每個人的價值觀、理念或期望都天差地別。

信任的種類

然而仔細想想，我們就知道自己不能不分青紅皂白就相信別人，或真的認為一切都等無差別。譬如，你可能跟老公感情很好，在大事上對他信任有加，但像是倒垃圾等小事，卻不放心讓他去做。又譬如你可能相信老婆會給你財務支援，卻不信任她能喝酒不過量。簡言之，信任的種類有千百種，以下略述幾種類型：

● 有個老公很相信老婆在大多數情況下都會對他忠實，但他知道老婆一向很喜歡高個子、黑皮膚的男人，而她參加的男女混合壘球隊裡的一壘手就是這副模樣，所以每次她去打球，他都一定會跟班。

- 有個母親雖然相信她十幾歲的兒子不會吸毒，卻一點都不放心把五歲的小妹妹交給他看管。
- 有個老公儘管相信老婆對他的隱私一定能守口如瓶，卻不放心把自己剛買的名貴新車交給她開。
- 有個老婆雖然信任老公能把夫妻所有的財物都管理得很好，卻知道絕不能讓愛賭博的老公靠近賭場。

這些例子假設的前提是：我們可以信任別人做符合他們個性的事，包括相信他們會把一向擅長的事做好，但一向不擅長的事還是沒法做得很好。當一個男人已經欺騙了前三任女友，很可能也會欺騙第四個。我們通常會很想要相信身邊的親友，如果對方表示他已經有了改變，以後永遠都會對我們忠實不欺，我們也可能會相信他的話。然而儘管他說的話都是真心的，也可能努力信守承諾，但一個人的長期行為模式竟能有一百八十度的大轉彎，則讓人難以相信。老實說，其實我們知道別人哪方面可信任，哪方面不可信任。

我們無法改變他人。如果別人想要改變自己，他們就必須對自己有更深的瞭解，明白過往一貫的行為模式和深層心理需求、行為動機，培養出比較健康的新行為模式，才有機會改變。可是我們卻無法讓他人有這種改變，無論多想，都無法做到。問題在於，我們本身的期望和心理需求，根本沒辦法放手讓別人保持本色。只因為我們一心一意想要別人達到我們的標準和期望，才會以為對方能成為我們希望的樣子，但這通常只會引發災難。

現實生活裡的親子關係，更在在印證了人們並不清楚自己不能改變他人的道理。以家庭作業為例，父母總是會反覆詢問孩子，「今晚有沒有功課要做？」或「功課做完了沒有？」答案不是「做完了」就是「還沒做完」。如果父母知道孩子一直沒好好做功課，搞得成績很糟，就會氣得跳腳。父母會生氣多半是因為覺得子女辜負了自己的信任：「你告訴過我你把功課做完了。原來你一直在說謊！」於是父母決定處罰小孩，通常都是禁足。這時父母也會開始擺出嚴厲管教的姿態，要求小孩每個禮拜成績都要有進步，成績進步計畫書上還要有老師的簽名；或是每天晚上都要檢查孩子的作業簿。

雖然這些做法都合情合理，卻顯示出我們對孩子的期望多麼偏離事實。因為我們竟相信孩子肯違背他們的天性，來順從我們的期望。一旦發現小孩只肯順著自己的性子、逃避責任、沒有堅持到底的精神、不肯為自己的行為負責，就會為他們辜負了自己的信任而感到傷心。

我們一直以為孩子會為自己的事情負起責任（或希望他們能奇蹟似的一夕之間就變成

負責任的人），結果卻證實我們的想法錯了。即使覺得孩子辜負了我們的信任，也許也只是想讓我們瞭解，為什麼他們會這麼做。也許只是對數學沒興趣，或需要父母逼他們多用功一點。也許寧願多練習彈吉他或打電動玩具。與其覺得傷心或認為孩子不尊重父母的教誨，還不如藉機多瞭解他們的行為。

父母該認清一件事，就是無論我們如何長篇大論地教訓孩子，或因小孩不乖而處罰他們，但小孩的天生性情遠比父母嚴詞訓斥或嚴厲管教的力量要大多了。我們必須相信孩子會成為他們自己，而不一定能符合我們的期望；有時我們的期望可說與事實完全是兩碼子事。

忽略了上述道理，卻以為一個長期缺乏責任感的人可能一夕之間變得有責任感，往往注定我們會不斷失望。想讓一個人變成我們想要的樣子，就像在佛羅里達州的酷熱夏天裡下雪一樣，還不如相信天氣一定會又濕又熱還比較合理。畢竟，期望不可能的結果，注定得面對失望。

不少父母會帶成績不好的小孩求助心理專家，剛開始小孩可能會在某方面改變原有的行為模式，也許這是因為當時他正碰到某種難題，大家全都把注意力放在他身上的緣故。等大家不再這麼注意他時，孩子經常會故態復萌，恢復他覺得輕鬆自在的行為方式，讓父母親失望不已。然而，這並不表示我們就該任由孩子不做功課。其實孩子是可能變得更用功的，但必須先讓他們深信做個好學生是件很重要的事。

我們只能相信人們會做自己覺得合理的事情。對一個不喜歡做功課的學生來說，用功讀書並沒有什麼道理。如果摯愛的親人做出令我們驚訝的事，那是因為我們並不如自己想像的那麼瞭解他們。我們會感到如此傷心，這也是部分原因。不僅這名親人做出了我們認為他絕不可能做的事，我們還不得不面對自己對對方瞭解不深的事實。看到身邊的人辜負了我們的信任、甚至惡意犯錯，常習慣把責任歸咎給對方身上，卻不明白這都是因為我們不曾真正瞭解對方的動機和行為。

諷刺的是，想要信任別人，其實必須先信任自己。伴侶可能再度背著我們偷腥，小孩可能謊稱功課已經做完，推銷員可能騙人，可是畢竟要相信自己，才能把事情做個妥善處理。例如，凱倫最近開始和提姆出去約會。提姆以前曾是她朋友姬兒的男友。凱倫以前就聽姬兒說提姆是個很棒的男人，聰明、有成就、有魅力，只不過經常出軌。姬兒之所以會和他分手，是因為他曾劈腿跟另一個女人約會，據說提姆上一任女友也碰過這種情況。

即使如此，凱倫還是一遇到提姆就覺得彼此很投緣。第一次約會兩人非常愉快，交往一個月後，凱倫開始思考以後是否要就此定下來。可是緊接著提姆卻一個禮拜沒打電話來。最後他承認自己出城去看前妻了，雖然與前妻發生了性關係，但那也只不過是舊情難忘而已。

凱倫對提姆的劈腿雖然大感失望，但她很清楚該怎麼辦。她馬上告訴提姆兩人關係從此結束，之後只傷心一小段日子，接著很快就踏入新人生了。更重要的是，她並沒有因為失去提姆而長吁短嘆，相信自己有能力找到合適的伴侶。事實上，分手才一個禮拜，她就很少想起他，更沒有因為失戀而傷心欲絕。簡言之，凱倫相信自己。起初她也許希望提姆是自己想像中的男人，一旦發現他出軌，她就馬上不再一廂情願地相信對方的為人了。

可惜很多人都不像凱倫這樣；大家都相信對方會奇蹟似的突然改變長期慣有的習性。心理治療師經常見到患者明知對方不值得信任，還是投入大量感情。他們如此渴求兩性關係，以致蒙蔽了雙眼。

有個治療師曾診治過一個女性，在第一次約會時對方就對她大吼大叫。令這位女性意外的是，治療師聽她敘述後竟然說，「太好了！你第一次約會就能知道他的為人了。你可以確信他脾氣很暴躁，以後交往時一定會經常對你吼叫。如果你覺得這樣非常刺激，就繼續跟他約會好了，我保證將來你們的關係一定是這樣。」

如果她考慮得很清楚，根本不必等治療師的分析，早就能看清狀況。如果這個男人竟在多數人都會表現出自己最好一面的場合，還對女人咆哮，很可能在以後約會時故技重施，甚至變本加厲。這不需要心理治療師的專業，就能判斷出此人有愛發脾氣、情緒失控的問題，甚至有厭惡女性的心理傾向等。

治療師通常會提醒患者要放手讓別人做他自己，卻很難要求患者放下，停止自以為能讓他人改變成自己想要的樣子。上述的女性就不聽醫生勸告，仍執意投入感情，結果遭到男友的語言凌辱及暴力相向。

此外，治療師也常見到很多患者在成年之後，仍一直想要博得父母親認同，即使父母從他們小時候就從未表示過讚許。例如，茱莉安很想得到父親的認同與關愛，卻從未能如願。童年時她父親經常旅居在外，不過母親對她非常關心。茱莉安在學校和出社會後都表現傑出，畢業時是學生致詞代表，後來又當上大企業最高階主管，可是她父親卻從未對這些成就鼓掌叫好。茱莉安非常渴望父親的讚美，所以總是不能真心感到快樂，至少多年來她自己一直感覺如此。

其實她需要認清，自己的幸福不應操於他人之手。除此之外，茱莉安也必須面對事實，不應一直耽溺於對父親的失望之中。

我們能重拾對他人的信心嗎？

到目前為止，本書的內容似乎一直在勸導讀者要經常防範身邊親友的不良行為，好像對人性抱持一種冷嘲熱諷的態度。其實對於人際關係，我們既不悲觀也不致冷嘲熱諷，而是以很實際的態度看待。因為我們深知，如果人們的某種行為模式已持續了一段時間，不管別人多想改變他們的作風，原有的行為模式還是會持續下去。不過如果你能稍微調整一下自己對信任的看法，也許會有點幫助。

別管自己是否真的信任某人，也別管對方是否應該負責贏得你的信任。只要小孩說功課做完了、房客說房租已經寄來給你了、伴侶說下次約會不再遲到了，你可以視實際情況選擇是否要相信對方。畢竟本書第五章曾提到過，人們其實有可能不准許自己再重蹈覆轍。也許你已有充分證據顯示對方已改變了長久以來的做法。雖然配偶曾經背著你偷腥，然而透過心理諮商和自我反省，也許他真的下定決心不再欺騙你了。

有些人的確不再背地裡劈腿；有些人不再酗酒；有些人不再撒謊；有些人不再總是遲到；有些人不再揍人；有些人不再咆哮；有些人不再亂花錢買東西……。為什麼他們做得到？有些是因為害怕承擔後果；有些是出於精神信念；有些是因為情感成熟了；有些是因為心理治療介入的影響等等。縱使舊習性仍存在，但他們已不再輕易讓自己那麼做了。

我們如何確定對方說的話真能算數？畢竟之前她已經有過兩次紀錄說要戒菸卻沒做到；我們又怎能確定對方有沒有祕密的電子帳號、手機或信箱，背著我們搞鬼？當孩子只把成績比較好的考卷或作業拿給我們看時，又能拿他們怎麼辦？究竟要怎樣才能知道真相呢？

其實我們不可能知道，至少無法確定。可是至少有一個辦法能協助我們處理，以便盡量做出相信別人的最佳決定，那就是採用下面的想法來改變自己的思考方式，讓自己單方面就能多少掌握事情的狀況：

現在我明白只能讓你做自己想做的那種人了，不管那是什麼樣子，我必須信任自己能處理你的行為後果。我不確定房客會不會破壞房子——我可以信任他們不致如此，否則也只能照合約要求賠償——但我相信無論如何自己都能妥善處理此事。我不確定如果放手不管孩子，他會不會好好做功課，可是我相信無論他表現如何，我都能給予適當的管教。我不清楚配偶是否能與外遇男子斷絕往來，可是我必須確定如果她做不到時，自己仍有辦法解決問題；要是他們不能斷絕關係，我可以選擇離婚，要是我還是決定繼續在老婆身上放感情，就得有把握在歷史重演時，自己能妥善因應。只要我發現她又出軌一次，就可能考慮結束婚姻。因為我無法確定她是否值得信任，又不相信自己受得了她再度不忠，只好選擇脫離這種有害身心的處境了。

對照第七章中強化自我力量的做法，上述自我對話能讓你不依賴他人，卻增進自己的力量。你終於自覺到別人可能讓你失望，絕不會每次都符合你的期望，你也更意識到身邊親友可能心口不一；他們也可能答應你要戒除某種惡習，後來卻又故態復萌。這些事仍會讓你傷心，但只要相信自己有能力處理所有情況，就不致毀了你或讓你感到氣餒。

雖然前面已再三強調，但因人們常是健忘的，所以在此再度重申：**你無法掌控別人**。不過，你可以確信一點，那就是：如果對方沒有發展出新見解或新的成長，那麼他們多半會依循自己過去的想法和習性行事。你可以自行決定是否要無視於過去的紀錄而繼續相信對方。如果對方破壞承諾，你也必須學會如何因應。當別人違背諾言時，想想看自己會怎麼做：

- 如果老闆四度答應升遷，卻沒有兌現，你就得相信自己有辭職的勇氣。
- 你必須認清一件事實，就是若不送孩子去勒戒所，他就會為了取得毒品而不斷說謊、欺騙和偷竊。
- 如果約會對象決定分手，即使這也許是最後一次交友機會，你也必須相信自己能面對失望與傷心。

只要你相信自己有能力面對別人帶來的傷害，或在對方的行為觸及你的底線時能採取行動，那麼無論發生什麼事情，你就都等於做好了心理準備。與其盲目地以為別人會照你的想法去做，還不如學會如何做出有效的因應。

避開傷害的幾種做法

如果決定放手讓別人做自己，你就不會隨他們起舞。你能選擇自己該做出什麼樣的反應。要是小孩經常謊稱功課已做完，或老公總是在外面偷腥，這種父母或老婆的反應常會落入某種窠臼。這種父母逮到小孩說謊，罵人的話總是如出一轍；這種老婆捉到老公偷腥，也常口出恫赫，事後卻從來不曾兌現。這類反應令他們極端生氣又失望，卻無法帶來任何改變。可是，一旦你決定放手讓別人做自己，就不會那麼生氣和失望了。與其讓自己受這種強烈情緒所擺佈，還不如選擇一些其他做法，例如：

- 你可以不去理會對方的行為。
- 你可以再給對方一次改過的機會。
- 你可以表示難以接受對方的行為。
- 你可以選擇原諒對方的做法。

重點是你可以根據自己對對方過去行為的瞭解，以及對對方未來可能做法的揣測，做出自己目前應有的抉擇。

有些例子顯示，對方有時的確能兌現承諾，而這個事實證明，我們的確可以相信對方能成為他希望成為的某種人。

人有時的確能改變到某種程度——通常是因為不改變會太痛苦——於是你發現自己真的可以相信某人能堅持去做某事，或堅決戒除某種行為。這是非常好的事情。但一般而言，當別人遵循他們本身的習性行事時，你就應該放手讓他們做自己，不再讓自己那麼生氣或傷心。

你並沒有義務或道德責任非去衛護身邊人的角色和地位不可。你大可考慮結束一段友誼甚至婚姻。你也可以對孩子採取「嚴厲的愛」的管教方式，不再無條件地接納他們所有的言行。要是決定採取這種做法，就要記得如果再隨著孩子的行為起舞而讓自己暴跳如雷，對自己可絕無好處。所以說，最重要的還是不能有負面情緒才行。

要記住，有些事可商量，有些事卻沒有商量餘地。根據作家巴夏．卡普蘭（Basha Kaplan）和蓋爾．普林斯（Gail Prince）一九九九年時提出的說法，每個人都必須確知自己有哪些事情沒有商量餘地，再據以設下關卡或劃清界線。本書第七章中所提出的「增強自我力量的四個撇步」就有此妙用，能讓你確立本身的期望，明確告知他人你的界線在哪裡，並強化自己的因應策略和自我界線。

心理治療師史蒂夫手下的一位經理曾盜用了診所的錢。他一發現這名員工的偷竊行為，馬上取回診所鑰匙並開除她。她盜用公款讓史蒂夫難過又生氣。即使她以前也有過輕微的犯罪紀錄，此時史蒂夫還是很有把握她對他會忠心耿耿，所以他有意保住她的經理職位。

他很希望相信她已經從這次的解雇經驗中學到了教訓，並打算警告她說，下次再犯案的話，「下場會很慘」。可是後來史蒂夫發現，自己對這個人已經不放心了。若仍雇用她，只要她單獨在診所，他就會一直懷疑她在做什麼，也會擔心患者的個資有無外流。

雖然史蒂夫非常想再給她一次機會，卻沒把握做得到。因為他相信她很可能故技重施。畢竟有些事情是沒有商量餘地的，對史蒂夫而言，診所裡的主管必須靠得住，所以最後他還是讓她走路了。

你無從得知別人會不會一錯再錯。如果你真的決定要原諒別人，就要認清這個人有可能讓你失望，同時，也不要把自己的幸福押在對對方的信任上。

人們有時會想原諒不忠的配偶，可是他會想，「我不想冒險被對方再耍一次！」的確，對方不忠，原因不在你。是欺騙人的人在耍弄人，被欺騙的人並沒有錯。譬如被保險業者詐騙的好心老奶奶，只是相信了詐騙高手的承諾而已。她自己是個說話算話的人，所以認為別人也跟她一樣。這雖然讓她很容易上當，但她畢竟沒有耍弄人。信任別人並非意味著自己太天真或太愚蠢，而是相信別人一定會說話算話。

我們可以選擇相信別人的承諾，但這不僅要相信對方，還得要相信自己有能力承擔對方行為的後果。相信別人雖然可能讓自己受傷害，但我們並不會因別人的錯誤而變成笨蛋、傻瓜或有任何負面性格的人。

以下練習有助於我們放手讓別人做自己。

練習1

認清別人辜負了自己的信任

人們常在事過境遷之後才發現，自己是多麼堅信別人能符合自己的期待，事與願違後往往傷心又失望，因為對方仍然只能照他自己的方式去做。我們可以藉由下列練習找出自己人生中的類似事例。

1. 想想過去有誰曾辜負了你給他的第二次機會，也許是你的配偶、重要關係人、好友、子女、老闆或員工，當時你很失望對方沒有在第二次機會裡好好表現。請在下面空格寫出對方名字：

2. 請簡單描述你曾經原諒過別人哪種行為（例如感情上的背叛，或某個員工沒有在預定時間內完成工作等）：

3. 說明你如何不計前嫌地給對方第二次表現的機會？

4. 描述此人在二度機會裡做了什麼事，以及事後你的感受如何？

5. 回想一下，為什麼大家早就料到此人會做出那種行為？

6. 想想看當初你是怎麼想的，才讓你決定要再給此人一次機會？

練習 2 信任別人是迷思

你會強把自己的期望寄託在他人身上嗎？你可以從以下練習中瞭解自己是不是這種人。先想想自己身邊的人：配偶、重要關係人、手足、雙親、子女、同事、老闆，在心裡默答下面的問題：

- 我是否經常期望上述某人的行為能有所改進？

- 此人是否曾經常讓我燃起希望，認為他的行為能有所改變，結果卻還是讓我的希望破滅了？
- 我和對方的互動是否陷入某種模式，讓我必須經常用乞求、威脅、誘騙的方式對待他，以期他能改變做法，結果他卻藉此操縱我，讓我以為自己的做法會產生效果？
- 此人是否會讓我壓力很大，因為我總是相信他下次會改過（其實卻不然）？

練習 3 來做個改造實驗吧！

想想親友中誰最需要人格改造，然後想像自己有能力把他改變成自己理想中的某種人。

先描述一下你創造出來的理想人物是什麼樣子：

現在問自己下列問題：

- 你認識的這位親友有可能變成你所創造出來的這種人嗎？
- 他有可能多少擁有一點點這種理想的特徵嗎？
- 認為他頂多只能朝這個理想方向做小幅改變，是否比較實際呢？
- 他是否壓根兒就不可能成為你想像出來的理想典型呢？

Chapter 10

時間不能治癒所有創傷，必須自己學會放下

復仇者應掘兩個墳墓。

——中國諺語

人生之路，坎坷難行。

——史考特·派克，《心靈地圖》作者

追悼者從棺材邊一個個走過，向亡者表達敬意。凱聆聽著眾人的安慰話語，不時有人提到「時間終會治癒一切的」。他們這麼說都是出於善意，但事情真是如此嗎？僅靠時間消逝，人們的情感創傷真能不藥而癒？

其實並非如此。時間只會不斷過去，沒有任何療效。

許多人相信時間有治療的力量，每過一天，時光都會在情感傷口上塗抹一些藥膏。幾乎每個人都能理解這種想法，畢竟大多數人在創傷逐漸遠去之後，的確都會覺得略有好轉。

然而事實真相是，時間只不過讓我們有機會放下自己的情感傷痛而已。事發後五年你可能覺得好過多了，是因為這段時間有很多機會慢慢在心裡向所愛的人道別，並且把注意力轉移到人生其他方面，包括尋找新伴侶等。雖然隔一陣子感覺好多了，但把治療效果歸因於幾週、幾個月、幾年的光陰慢慢過去，仍是一種錯誤的推斷。

這種想法會讓人們誤以為療癒的力量是被動的，以為什麼都不用做，只要坐在那裡，時間就能發揮治療魔力。可惜事實不是這樣。你很可能至少認識一個人長期浸淫在喪親的傷痛情緒中，無法自拔。

明白這個道理非常重要，現在讓我們看看凱在喪親後的心理過程。

凱如何紓解傷痛

凱慟失獨子馬克；他才剛滿十七歲，就在一場車禍中不幸喪生。時光流逝，凱仍在喪親之慟中掙扎。即使罹患了憂鬱症，她卻在意外發生二十年後，才接受醫生建議向心理治療師求診。

頭幾次診療時，凱表示結縭三十年的丈夫性命垂危，所以心理治療師以為這是造成她罹患憂鬱症的病因。但其實凱已能坦承她與丈夫的婚姻早已名存實亡，夫妻倆的感情多年前早已惡化。他即將過世雖令人傷感，但還不至於嚴重到讓她罹患憂鬱症。等丈夫過世幾年後，她終於開始向心理治療師提起她已亡故的兒子。

由於馬克的猝逝如此意外又令人悲痛，讓凱簡直不知該如何繼續活下去。以前父親不太搭理她，母親愛管她又愛貶損她，所以她覺得直到懷了兒子，人生才真正開始。她盛讚兒子的成長與發育期是她人生最快樂的階段。他的各種優異表現證明了她是個稱職的母親；他所遭遇的挫折則讓她有機會盡一己之力予以幫助。

他過世時，她的一切希望都破滅了，她的生命也幾乎隨他而去。親友們安慰她的那些話語對她毫無意義。丈夫也不能安慰她，甚至覺得與丈夫更疏遠了，就好像她身上有毒似的，只要靠近她，就可能像兒子那樣被她毒死。教會朋友也很愛說教，幫不上她忙。她母親則心靈匱乏，總是一副典型寡婦的傷感姿態，不過只要凱陪在她身邊，她就會沒事。

凱終於決定要努力活下去。但她卻不想為自己而活，而是抱著不想丟下母親不管的心態。這種想法其實是不對的。凱找了一個賣房子的工作，讓自己白天能忙一點。她和母親更接近了，若有需要，她每天都會去探望她。只要讓自己夠忙碌，就不會有什麼感覺，所以她為自己安排了各種活動，有計畫地避免陷入情感傷痛。

凱還服用了二十年的鎮定劑，也因此喪失了一些感覺。在做心理治療時，她問道，「我本來該有什麼感覺？」要不是有鎮定劑，凱很懷疑自己能否活下來。即便如此，這些都無法治癒她的創傷。她必須有感覺才有機會治癒自己。凱幾乎已經不知道該怎樣去感覺了。所有會讓她想起馬克的記憶，任何會勾起傷感或其他痛苦感受的印象，都被鎮定劑消除了。

諷刺的是，丈夫的死亡反而讓她又能開始有感受了。這件事似乎帶給她不小的震撼，讓她發現依賴鎮定劑再也不能幫她度過難關。兒子很久以前就去世了，凱也可能終於發現自己因為傷心，長久以來已變得太麻木。於是她擺脫了藥物，結果人生卻變得更可怕。除此之外，她的憤怒情緒也浮出枱面。她恨自己的父親、過世的丈夫，以及依賴性很重的母親。她甚至對上帝都感到憤怒：「祢到底在哪裡？怎麼能這樣對我？祢怎能這麼殘忍？如果真的瞭解失去自己獨生子的痛苦，怎麼還能帶走我唯一的兒子？」

在一次心理診療過程中，凱向治療師提到一部電影《福星與福將》（*Turner and Hooch*），由當時還很年輕的湯姆．漢克斯（Tom Hanks）主演。她說當時邊看邊哭，眼睛盯著螢幕不放，座位前放了一大堆拭淚的面紙。這是因為馬克和湯姆．漢克斯長得很像。就好像馬克又活過來，和一隻愛流口水的狗出現在一部鬧劇裡似的。這部片子讓她的感覺又活過來。

後來她又把這部片子租回來，一遍遍地一直看到所有的眼淚和情感都掏空為止。她不斷嚎啕大哭，因為感受到馬克死亡的錐心之痛，凱終於覺悟到他永遠不會回來了。當然，理性上她早已知道這件事，但在情感上，直到這時她才終於意會到他真的死了。她終於能以前所未有的方式向他說再見。

她寫了很多信給亡者以抒發感受，包括馬克、她父親、她亡夫。她甚至寫信給上帝，剛開始是咒罵祂，逐漸平復後，又向上帝懺悔說她的心碎了。她一面靜靜流淚一面翻閱聖經。在憤怒的底層，凱釋放了她最深沉的哀傷，這是她與馬克最深的連結之處。馬克死後，她把這種痛苦封鎖在內心長達二十年之久，如今終於解脫了。凱終於可以自由地感受、表達、放手了。

藉著釋放痛苦，凱也才能慢慢把馬克放下；她感覺得到這個過程。她也終於能把自己從長久以來的牢籠中釋放出來，這個牢籠就是一種沒有感覺的生活，沒有快樂也沒有痛苦，沒有歡笑也沒有悲傷，只是拖著身軀受著緩慢的折磨而已。

容許自己向馬克道別之後，凱重新開始體驗一種單純的生活。她又能充分感受、一切恢復了正常。學會釋放痛苦之後，凱不再是一個受創、呆滯的女人，變得滿心快樂、充滿感激。生平第一次，她能與依賴又掌控欲強的母親保持健康的距離，這個改變反而讓她與母親更親密，對母親也不再那麼憤恨了。之後凱與一位喪妻男子談起戀愛，擁有了她年輕時即夢寐以求的那種感情。

凱治癒了自己的創傷。她主動展開了放下馬克的心路歷程。她不再被動地等待時間麻痺她的傷痛，反而透過必要的傷痛過程擺脫了痛苦。藉由心理治療師和其他生活層面的助力，她才終於徹底放下了喪子之痛。這正是治癒她情感創傷的關鍵。

本章所強調的真相不僅限於自喪親之痛復原，可以說所有的心理療癒都必須經過這個過程。人們經常在遭遇嚴重的情感創傷後，陷入一些負面的心態或做法，遲遲走不出來。你可能因為失去一個喜愛的工作而憤慨痛苦，甚至在後來的每個工作中都無法再全力以赴。我們也可能因為被心愛的人背叛而失去對人的信任，以致無法再付出感情或維持長久的親密關係。身邊親人死亡時，我們經常消極地不肯面對創痛，只想靠時間撫平一切痛苦。其實我們該做的是學會如何放下。以下是積極走出傷痛的五個重要步驟。

療癒傷痛的五個步驟

凱的經歷讓我們瞭解，基於各種不同因素，療癒過程會變得非常複雜。也許人們相信時間能治癒創傷，所以花了幾個月甚至幾年等待所有痛苦自動消失，但也極可能陷入羞愧或罪惡感中，不清楚該怎樣找出痊癒之道。在療癒創傷時，以下五個步驟都很重要，也很必要，因為缺乏任一步驟都無法讓情感恢復健康狀態。前三個步驟能讓你釋放痛苦，第四個步驟是放下創痛的實際做法。下面列出五個步驟並詳述於後。

1. 回顧過去的創傷經驗
2. 重新感受當時的痛苦
3. 把痛苦抒發出來
4. 徹底放下創痛
5. 改變思考模式

1. 回顧過去的創傷經驗

我們必須回頭想想過去那件讓人難過的事情。迴避或壓抑記憶對治療創傷並沒有好處。心靈有辦法在長達幾十年的時間內，持續封鎖痛苦又難以承受的記憶，勉強帶著力氣活下去。

不妨用茶壺打個比方。我們打開爐火，壺裡的水漸漸滾了，等快達到沸點時，蒸氣會從壺嘴裡冒出來。然而，要是這時壺嘴阻塞了，蒸氣就會愈聚愈多。一會兒之後，蒸氣的壓力就會大到讓茶壺爆裂。

如果你害怕回顧過去，就會像這只爆裂的茶壺。要是一味封閉重要的記憶或感受，不肯全心全意去體會，內在的某個重要部分就會像茶壺一樣分崩離析。如同凱的經歷，你也許很瞭解過去發生了什麼意外，卻刻意想辦法把這一切不幸封閉起來。有些人可能是下意識這麼做，也就是連他自己都沒發現是在逃避哪件事或哪種感受。但無論有意無意，不肯回顧過去都有損心理的健康。

下意識不願回憶重大事件，這是連自己都很難察覺的現象。心理學上稱之為「壓抑」或「動機性遺忘」。美國奧勒岡大學的麥可・安德森（Michael Anderson）博士就是此領域的專家。在二〇〇六年三月二十七日的《新聞周刊》（*Newsweek*）中，安德森表示，人們記不得在心中被隔離起來的記憶，只有在多年後已經做好心理準備，決心要理解、接受，並放下早年所經歷的那段事件時，才能徹底做個整理。

例如，直到最近，年過七十的吉娜才想起童年時曾遭人性騷擾。過去她常有羞辱感，經常夢到遭人追逐，也沒有能力從一樁可怕的婚姻裡逃出來，在在證明當年性侵她的人幾十年來對她所造成的嚴重心理影響。為了治療心理創傷，吉娜必須回顧那段帶來情感傷痛的經歷。也就是說，她必須願意說出一直不肯對人啟齒的那段經歷。可是她要怎樣才能做到？

關鍵是要找一個相當信任的人來傾聽心聲。通常這個人會是心理治療師。人們在其他場合開不了口的一些話，只有在信任醫生和治療流程的情況下，才會打開心房，和盤托出傷心事。心理治療師能提供患者關心、信賴和安全感，他們經常做的就是「指引患者回顧痛苦記憶」。為了配合治療師，患者才會打開話題，回溯創傷之路。為了徹底治療病情，所有的創傷記憶必須全部出清。事實上，有些患者會回憶過去的傷心事兩三次，才能完全想起並傾吐他們的痛苦經歷。唯有盡情傾吐，才能徹底放下。

2. 重新感受當時的痛苦

只是回顧甚至傾吐出自己的傷痛經歷仍不夠，還必須感受到當時所經歷的痛苦。很多人從來沒有讓自己真正去感受。如果認為這種說法很令人訝異，只要想想凱的例子就明白了，一直以來，她服用鎮定劑等方法保護自己，所以對獨子馬克的死亡從來就沒有什麼感覺。這正是大多數人在心理治療過程中常常無法突破的原因。

心理學家雷妮·佛萊卓克森（Renee Fredrickson）博士曾在演講中表示，「關鍵就在於感受。」很多人不敢多想過去的傷痛，並不是因為事件本身，而是害怕情感上受不了。有人害怕再度想起面對酒醉父親暴怒的恐怖感受，再也不願回顧過去。有人被發生車禍意外時的無助感吞沒了，不敢回想那可怕的一幕。也有人因年幼時父母離異，竟產生了一種羞愧感。

因為害怕痛徹心扉，很多患者不肯體會自己的感受。問題是第一次回顧過去時，不見得能充分體會當時的痛苦。人通常經歷創傷後就刻意遺忘了那種痛。例如，一個受驚嚇的小女孩也許會從心理和情感上把自己與痛苦景象隔離開來（dissociation，解離作用），而從隔岸觀火的角度回顧此事。結果這種痛苦感受無法真正消化掉，當事人也從來不曾徹底體驗創傷。解離作用雖然能暫時保護這個女孩，但因她一開始就沒有去感受，無從表達或抒解，也因此失去了徹底療癒的機會。也許幾年後，在安全的心理診所內，這個女孩才終於容許這段創傷經歷進入意識層面，讓她能感受，能表達，並把長久以來不敢面對的痛苦釋放出來。

未完成的感受（unfinishedfeelings），亦稱未了結的感受（unresolved feeling），是指從來沒有處理過的情緒。心理治療師會對患者說，「聽起來你好像從未處理過母親死亡帶給你的感受。」或是「你對離婚一事好像還餘怒未消。」這些話意味著這些事情和感受對自己的人生還殘留著影響力。當然，有些人也許自認相當堅強，足以承擔這種尚未了結的感情——亦即自認可以把這些事情拋諸腦後，以免傷害自己或其他人。其實沒有人那麼「堅強」，否則又何必把痛苦推開？更嚴重的是，把痛苦長期埋藏心底，只是讓自己不自覺受到負面影響而已。

史考特是個小型學院的棒球教練，一心希望球隊贏球。他在意的不僅是累積個人贏球紀錄，更在意他的球員。事實上，由於他過度保護球員，學校的體育主管已強迫他去求診做憤怒管理諮商。理由是他曾不只一次因其他球隊的球員惡意犯規，而與他們的教練槓上，並威脅說下次對方再惡意犯規，就要修理他們。雖然史考特是真正關心球員，但他的溝通方式似乎總是帶著怒氣；在威脅其他球隊的教練時，情緒簡直完全失控。

史考特也明白自己的反應有點過度了，可是並不知道是什麼原因。後來心理治療師要他找出怒氣的源頭：究竟他在恐懼什麼，使他如此急切地想要保護球員。可是他回答說，「老天，我不是恐懼，而是生氣！」

「也對，」醫生說，「那就告訴我為什麼生氣吧！」

史考特終於告訴醫生，小時候他曾目睹父親無情地毆打母親，卻只能無助恐懼地呆立一旁。後來他心想，這種事再也不能重演了。不管是誰想傷害他心愛的人，他都不會再袖手旁觀。史考特一直把幼年的恐懼感推開，就連那些慘痛的記憶也幾乎不記得了。這似乎是件小事，但對史考特而言卻絕非小事。他一直抗拒強烈的恐懼感，才躲開了童年的傷痛，可是這傷痛卻在他成年後造成了負面行為。

如今說出對童年創傷的感受之後，史考特終於明白不能因過去的事情而影響現在的情緒。換言之，隊友承受的犯規行為與母親當年承受的毆打是不一樣的。他這才明白，自己火大地威脅其他球隊的教練，的確是過了頭，他決定不再這麼做了。他不允許自己再有不當的態度，對於球賽時的犯規事件有了不同的思考，並想好對策，希望將來球賽時自己能做出適當的反應。

3. 把痛苦抒發出來

找回感覺雖然重要，但史考特還有其他功課要做。想徹底擺脫痛苦，回顧童年創傷事件並感受當時所經歷的憤怒與恐懼，還只是最起碼的兩個步驟。除此之外，史考特發現表達自己的感受也是整個療程的一部分。這些感受可以透過言語或文字表達出來——通常也伴隨著潸然落下的淚水。我們也可以向某個人揭露創傷，或向一群朋友或某個社福團體坦露心事。

梅蘭妮突然發病，醫生找不到神經病學上的病因，只好把她轉介給心理治療師，想瞭解病症是不是因焦慮所引起。梅蘭妮因為家人而壓力很大，坦承自己已變成一個憤恨難消的女人，對家裡每個人都滿懷怒氣。哥哥曾對她性侵；父親早年即遺棄了家人，很年輕就去世了。母親也從不在意哥哥對她非禮，當她把哥哥的惡行告訴母親時，母親也從來不相信她的說辭。後來她丈夫也在各方面讓她極感失望。

這位治療師使用心理學家席德．西蒙（Syd Simon）的醫療技巧，要求梅蘭妮針對每個家人而接受多對象的複合療程。她的第一個任務是從自己的角度寫信給家人，信的內容包括：（1）過去發生的不幸事件；（2）當時她對自己有何感覺；（3）那件事對她所造成的長期影響；（4）現在她打算怎麼做以治癒創傷。很多患者因為對對方非常生氣，所以從（1）到（3）步驟都做得很好，第（4）步驟則比較困難，因為當事人必須自己承擔放下傷痛的責任。心理治療師給梅蘭妮的第二個任務就更難了：從對方的角度寫封信給自己，就好像自己是對方一樣，並在信中告訴自己一些事情，以幫助自己擺脫痛苦。例如：

親愛的梅蘭妮：

我花了好幾年時間才有勇氣寫這封信給你。我從來不敢面對自己在你小時候對你所做的那些事情。

醫生要求梅蘭妮做的第三件事，是為每個家人列出各自人生中的十件大事或特殊狀況，因為這些大事很可能是造就對方人格特質的重要因素。為什麼要做這個練習呢？因為這能幫助梅蘭妮認清對方的行為與他們本身有關，她大可不必為他們的特殊個人背景負責。譬如梅蘭妮在檢討父親為何遺棄她後，她認為是因為祖父在父親三歲時即遺棄了家人；她還發現母親很愛批評控制父親。除此之外，梅蘭妮也猜想父親可能欠缺謀生技能或勇氣，所以不敢撫養四個孩子。

以上三種練習都能幫梅蘭妮表達多年來藏在心裡的許多感受。有時這種練習讓她很難過，與心理治療師的談話常被哽咽聲打斷。然而經過這些診治過程後，梅蘭妮表示自己的憤怒感已消失，取而代之的是舒暢與平靜。

其實表達那些感受並談起以往極端痛苦的經歷，都是非常難受的事情，但確實具有淨化作用。在抒發痛苦的往事之後，梅蘭妮不僅對自我和自己的人生感覺好多了，從此再也沒有突然發病。

4. 徹底放下傷痛

向外表達心聲，的確能紓解情感傷痛，但表達出來不一定就能徹底放下。換言之，有些人即使吐露了過往遭遇，仍可能抓住痛苦經驗不放。有趣的是，哭泣通常是逐漸放下痛苦的徵兆，顯示這個人已觸碰到了自己內心最深的傷口。所以醫生的確希望患者能用淚水洗刷內心的傷痕。不過若想徹底又一勞永逸地放下有害身心的情緒，除了哭泣之外，還必須學會寬恕。

很多人都會為了某件事而夜夜在痛苦的淚水中睡去。他們感受到痛苦，也藉淚水抒發出來，但為什麼傷口並沒有癒合呢？因為這些人是抓著感受不放，而不是發洩出來。雖然這種人也許並不瞭解自己的心思，但他們的確出於各種原因而抓住痛苦不放，譬如想藉此讓心死的自己還有活著的感覺；逃避一旦幸福成功之後隨之而來的責任；不想面對心愛之人可怕的一面等。唯有寬恕和徹底放下，才不會再抓住痛苦不放。寬恕之後，就連原諒或化解對方所犯的錯誤都談不上了，也不再會有扯平或示弱等念頭。寬恕對方是因為自己已夠堅強，不需要報復對方或要求對方道歉，就已能徹底放下痛苦與憤怒。

研究顯示，如果對方道歉，即使不太有誠意，人們也較容易選擇原諒。然而應注意的是，過去曾傷害你的人不僅可能不道歉，甚至還可能否認當初做過讓你害怕的那些行為。我們多年來曾碰過不少患者，他們都經歷過相當傲人的個人成長，也有勇氣面對家人曾經對他們的凌辱。可惜他們的家人反而毫無成長可言，完全不知道甚或否認自己曾對被害人造成傷害。結果受害者抱怨過往受虐的經驗卻毫無效果，有時還會受家人排斥，砲口一致地否定受害人的指控。

如果抱怨有效或能得到施虐者道歉，被害人當然比較容易原諒對方，但致歉畢竟不是絕對必要的。幼年受虐者在成人後有可能學會放下情感上的痛苦創傷，即使施虐者早已過世也一樣。這些施虐者已無法道歉或承認罪行，但受虐者還是能寬恕對方。因為這些受害人能瞭解本章所提真相的一個必然推論：寬恕別人其實是給自己的一個禮物，即使傷害我們的人已不存在也無妨。

寬恕別人只是一種（而非唯一）手段，目的是要讓自己放下困擾多年的傷痛。研究證實，無論在醫學上和心理學上，原諒別人對自己都有益處。一個學會原諒的人罹患心臟病、中風、憂鬱症、焦慮症的可能性，比起滿心憤恨的人要大幅減少很多。我們還不很清楚這種醫學成因，但從心理學的角度推測：原諒別人能掃除人們內心深處的創傷，讓人們瞭解，不管過去的經歷有多痛苦，現在都可以徹底放下了。我們可以自在地拋卻往事，取而代之的是一股平和之氣，而不是憎恨、憤怒、恐懼或羞辱的感覺。

放下創傷並不一定需要原諒某人，有時只需要向往事道別。有鑑於今日平均壽命普遍延長，可以預見很多人難免得更常面對親友去世的傷痛。

有時放下表示自己已能接受永遠失去了某種珍貴的關係，這就像瑪莎所面臨的處境。瑪莎在長達二十五年的時間裡，一直因為曾與女兒發生嫌隙而非常傷心。她覺得女兒曾有意把她排除在家族勢力之外而深覺受到背叛。這個傷痛歷經四分之一世紀仍未痊癒，甚至比當初事發時更強烈。正如本章主旨所指出的：時光並不能治癒創傷，只會日日流逝而已。

瑪莎是自願去診所接受心理治療的。她很快就發現因為本身放不下負面情緒的緣故，才更加深了痛苦，強化了傷痕。心理治療師向她解釋說，她女兒當時會把母親排除在外，是因為從女兒的角度來看，在當時的情況下，那是合理的做法。瑪莎可以一年年緊抓著這個傷痛不放，但也可以選擇即刻把痛苦放下。無論她想不想與女兒和解，都不需要一再回想往事而使創痛一再加深（瑪莎多年來不斷在腦海裡　想當年往事，告訴自己當時女兒對自己有多麼不好）。

當瑪莎瞭解自己可以選擇怎麼做時，毅然決定已到了放下心事的時候了。這不能只是一個想法，而必須付諸實行。於是她寫了一封給女兒的信（並未寄出），表達她長久以來的感受，並向創傷與憤怒道別。結果非常奇妙：她在第一回看診時，就把二十五年來的一切痛苦怒氣全拋諸腦後了。她決定泰然接受自己一直與很多其他家人關係都很好的事實，甚至包括另外兩名女兒在內。瑪莎瞭解自己與女兒的關係已難以挽回，但至少她不需要再那麼痛苦傷心了。

在放下往事並恢復常態之後，瑪莎再度成為一個能愛也會受傷害的人。就像大多數無法放下傷痛的人一樣，瑪莎長久以來一直在心裡搭建了一道保護牆，讓她既感受不到愛，也不會再受傷害。她只許自己懷有憤怒痛苦的情緒，卻不允許自己擁抱愛，以免因為關心別人而再度受傷。從某種角度來說，瑪莎一直活在冷漠之中，不容許溫情滲入。這表示她沒有大喜大悲，但這在情感上卻不是健康的生存之道。

別人或許可以理解瑪莎需要遠離強烈的情緒，以保護自己不受傷害，可是如果不放下往事，她很可能一直不敢再親近其他人，以防別人再像女兒那樣傷害她。很多接受心理諮商的患者都會緊抓住憤怒不放，把眼前的一些問題歸咎給過去多起不幸事件。那些事情也許真的痛苦又不幸，但患者也很可能只是想控制對方，以便把問題歸咎給他人，好像一味怪罪別人，自己就不需要再收拾人生的爛攤子了。

然而事實是，應該自己擔起責任，尤其若希望治癒自己的心病，就更需如此。創傷雖然不幸，若始終不肯放棄不健康的行為模式，這樣的人就不再是受害者，而是自願維持這種有害身心的做法。

你一定覺得奇怪，怎麼會有人自願沉溺於情感的創傷中？因為這樣做能麻醉自己的痛苦，不過也同時會讓所有的正面感受都變遲鈍。亨利的情況就是這樣。

住在美國賓州的亨利在一個寒冷的冬夜走路回家，他沒有戴手套，在低於零度的天氣裡，只好把手藏在口袋裡保暖。他走著走著，沒注意到前面有一灘冰雪，結果滑了一大跤，整個人面朝下趴在人行道上。這一跤撞擊到腦部負責嗅覺神經的部位。之後有很長一段時間，亨利失去了嗅覺。剛開始他認為這也不錯，因為這麼一來在走過垃圾堆或排水溝時，就聞不到惡臭了。可是他很快就發現了不好的一面，在與大家出遊露營時，才充分體會到自己再也聞不到冬青樹和其他植物的芬芳了。曾經讓他陶醉的營火氣息，也嗅不到了。早上營火邊那熟悉又誘人的咖啡和培根香氣，更是無緣享受。

想想看亨利失去了嗅覺後，生活品質下降多少。再想想如果你失去了充分體驗情感的能力，生活品質是否也一樣會下降。如果不能放下創傷，就會對每件事情都漸漸變得麻木不仁，感覺能力也會漸漸枯萎。因此，為了幫助大家徹底放下情感傷痛，以下將介紹許多有效的方法：

● 藝術創作

前面提到梅蘭妮曾利用寫作來抒發有害身心的情緒。其他藝術形式也同樣有效。幾世紀以來，寫詩一直是很普遍的一種抒發傷感的方式。此外，素描、雕刻、繪畫等也都有助於紓解情緒。還有些人喜歡用音樂或舞蹈來表現自己。艾爾頓・強（Elton John）的歌詞就寫著：「悲歌道盡心事」（Sad Songs Say So Much），葛洛莉亞・蓋諾（Gloria Gaynor）也激動地唱著「我會活下去！」（I Will Survive）。

即使不是專業藝術家，一般人甚至不需要有特別的天賦，也能用這些藝術形式來表達自己。約翰十七歲時曾告訴心理治療師，他的青少年時期一直非常痛苦，因為父親拋棄了他，到很遠的地方另組一個新家庭，所以他幾乎見不著父親。每當約翰傾訴這件事，他都能因抒發感情而不再感到失落的痛苦。治療師建議他用寫信的方式治療傷痛，他拒絕了，但回答說，「我知道我需要做什麼。」他的方式是走進森林敲擊小鼓，一直猛擊到把父親遺棄他的強烈痛苦完全發洩出來為止。

● 祈禱

魯本醫生（Dr. Ruben）曾在佛羅里達心理協會（Florida Psychological Association）演講時提到，「每天祈禱能產生幸福感。」她和千百萬人的想法一樣，相信祈禱也是紓解情緒的一種方式。很多信徒都懷抱一種信念，認為高於人類的大能可以解除人們無謂的痛苦，更別提平日的煩惱、罪過和負面念頭了。從心理學的角度來看，信念的確能主宰情緒。如果相信上帝、阿拉、耶和華、耶穌、宙斯或佛陀能減輕情感上的痛苦，也許就能確保痛苦終將消除。無數信徒都曾描述他們如何靠信仰的力量，在遭逢極大不幸之後復原。

究竟這些治癒情感創傷的例子純粹是出於信念，還是出於更高的超自然力量？這很可能是個觀念與信仰的課題，與科學並沒有多大關係。也許在科學上也能找到解釋的基礎？賴瑞・多賽（Larry Dossey）醫生就曾在他的著作《療癒的話語》（*Healing Words*）一書中提出有力的研究結果，證實禱告是一種很科學化的治療方法，能夠治癒患者的身心疾病。他認為禱告堪稱是種「靈丹妙藥」。

● 情感昇華

一九八〇年，甘蒂·萊特納（Candi Lightner）在十三歲女兒凱瑞被酒駕者車禍撞死之後，於美國加州的沙加緬度成立了「母親反酒駕聯盟」（Mothers Against Drunk Driving，簡稱MADD）。喪女之痛讓甘蒂悲痛欲絕，可是這件意外並沒有擊倒她，反而促使她把痛苦產生的力量投注在讓她全力以赴的目標上。

她把原本可能毀掉自己的憤怒轉化成拯救他人的力量，這就相當於佛洛伊德所謂的「昇華」概念：把潛意識的性能量轉化成追求其他事物的熱情；只不過自佛洛伊德以降，很多心理健康專家都把昇華的定義擴大了：除了轉化性能量外，還包括轉化其他諸多痛苦的情感，像是恐懼、罪惡感、悲傷及焦慮等，藉此釋放痛苦，以求昇華成追求正面事物的熱情。

● 引導想像

心理治療師常利用引導想像的技巧，幫助患者想像出人物、景象或對話的畫面。做法很簡單：患者只要閉上眼睛，想像自己完成了某件在現實中不可能做到的事情。例如對抗一位曾經虐待你而目前已過世的人；和一位已去世幾十年的的家屬衷心告別；或向那些未成年即去世的人表達你複雜的感情等。

引導想像也能幫助患者解決一些尚未釋懷的痛苦，像是可怕的車禍意外，或與戰鬥有關的痛苦創傷。從心理治療師的觀點來說，這種做法能讓患者從不同角度重新審視當初受創的景象，也就是把自己視為幸運的倖存者，而非不幸的受害者。這樣人們終能放下折磨自己多年的某個人或某件事了。

為什麼引導想像是個非常有效的治療技術？從某種角度來說，這是一種將心中所見轉化為現實的技巧。人類的神經系統其實分辨不出想像與現實的差別。只要心裡看見了某件事情，身體就會把它當成現實看待。這就是何以夢想的力量會如此強大，而伴隨夢想而生的情感也同樣有力，就像是夢想真的實現了。

因此，引導想像可說藉由虛擬情感而創造了強而有力的感受，進而能幫助患者放下情感上的創傷，其效果就如同上述其他治療法一樣（然而有一項但書：本書不贊成在沒有專家協助下實施這種療法，尤其如果需要治療長期的創傷或受虐經歷）。

5. 改變思考模式

這是本章所提的第五個療癒傷痛步驟，旨在鼓勵患者要在認知層面肯定自己為整理情感所付出的努力。本書第一章就提到，思考模式對感受的影響很大。想要有良好的感受，必須先有正面的思考。心理治療師的經驗及心理治療領域的種種文獻，早已在這方面提供了充分的證據，顯示正面思考對療癒過程有極大的助益。

所羅門王在《舊約聖經・箴言篇》第十七章二十二節裡寫道：「喜樂的心，乃是良藥。」諾曼・文森・皮爾（Norman Vincent Peale）在他的代表作裡也提到積極思考的神奇力量。晚近的馬汀・塞利格曼（Martin Seligman）博士則發展出一套思想系統，稱為正向心理治療學（Positive Psychotherapy，簡稱PPT），在他的著作《真實的快樂》（*Authentic Happiness*）一書中有詳細的敘述。這套學說的基礎信念是：改變患者負面的思考、態度和信念，就能擁有正向的情緒，進而改善憂鬱心理。

路曾遇到一場車禍，造成多人死亡，他卻毫髮無傷。雖然發生這場意外並不是他的錯，他卻始終無法從這件事的陰影走出來。在心理治療時，醫生必須明確找出究竟發生了什麼事情，尤其究竟是什麼因素使他感到困擾。接下來他必須再度體會當初的感受、釋放並放下他的各種情緒，以獲得內心平靜。

此外，想要治癒心病，他還必須改變對那場車禍的看法，不再因自己竟能活下來而產生罪惡感。他必須放下不健康的認知，像是「那些人都死了，所以我沒有快樂的權利」，或是「我再也不能安心地開車上街了」，而應該用比較理性的方式思考，例如「發生車禍並不是我的錯，就算折磨自己也不能讓那些人死而復生」，或是「我已經平安開車五十多年了，所以大可充滿信心地再度開車上路，只要小心謹慎就行了」。

為了改變舊有的思考，必須改變生活模式。這表示不僅需要向創傷道別，還需要快樂地擁抱未來。為了學習和成長，必須學會改變想法的藝術，亦即告別過去，重新掌握現在。如果你不能再打球了，就當個教練吧。如果你心愛的狗過世了，還有可愛的小流浪犬正在流浪動物之家等著你去領養。你最喜歡的節目停播了？再找個新節目看吧。又失業了？別偷懶，趕快去找工作吧！

你也能改變自己與別人的關係。這也許不是一種替代式轉變——以前的愛犬走了再領養一隻——而是調整自己的一些處世原則。

大多數心理專家都同意，剛結束一段感情就又跳進另一段感情，而沒有經過整理心情的階段，並不是健康的做法。相反的，如果經過徹底放下心愛者的歷程，並體會失落的感傷，進而從中對自我有更深入的瞭解——這才是健康的做法。

達成這些任務之後，敞開心懷再度愛人，才是遭受失落之苦者再投入人生的應有態度。雖然冒險與人親近的同時也可能遭遇失去所愛的風險（且經常伴隨痛苦），可是這畢竟表示願意重新開始生活，只不過必須略微調整以往的想法而已。

戴夫是個消防隊員兼醫務助理，因為身有殘疾而退休並遷往其他州省。他找了一個心理治療師診治他的創傷後壓力症候群。

其中一個病徵是反覆做惡夢：戴夫經常半夜醒來，回想夢中所出現的各式各樣的殘缺肢體，那都是他漫長的工作歲月中，不時在失事現場找到的倖存者肢體，卻在夢中成群結隊地在大街上追逐著他。這都是因為戴夫從來沒有好好哀悼過那些不幸事件，才未能徹底走出那些事故。也就是說，他必須把曾經發生過的事件告訴別人，以抒發感受，才能徹底放下傷痛。

戴夫必須找個人傾訴，讓對方明白當你趕到失事現場救出一個手臂嚴重受傷的年輕人時，是什麼感覺。

戴夫已經到了人生中很不得已的階段，必須把不幸事件的記憶從大腦記憶庫中找出來，將一切向某人傾訴，以幫助他釐清自己對過去的傷痛為什麼會有如此的反應和感受。透過這種做法，戴夫才能抒發痛苦，消除夢魘。

戴夫的治療涵蓋了上述五步驟：回顧過去（回想出事現場）；重新體會當時的感受（一個消防醫務員在災難發生時，常無暇顧及自己的感覺）；抒發痛苦；放下傷痛；最後並改變對意外事故的看法。

前四個步驟都是息息相關的；每當他告訴別人某個事件的過程時，都在釋放自己的記憶和感受。至於第五個步驟，亦即改變想法，則包含了新觀念：「我對每個倖存者都已盡了最大的努力，對他們的人生有很大的幫助。畢竟我無法改變自己無力掌控的事情，只能盡力而為。」

上述五步驟治療理論只是現有的諸多治療法之一。其他如羅伯特·艾克曼（Robert Ackerman）、蘇珊·佛沃（Susan Forward），以及席德·賽門博士等人，也都各有一套理論。還有一些是為了達到寬恕的目的而發展出來的心理治療模式，包括二〇〇〇年恩萊特和費茲吉彭斯（Enright and Fitzgibbons）提出的寬恕治療歷程模式，近年來該模式還融入了性別平權的原則。

然而，不論我們選擇哪種治療法，都要負起自我治療的責任，不能只仰賴時間來治癒一切。

人生在世，一定會經歷情感上的種種傷痛，也許是痛失親人、遭受背叛、被遺棄、受排斥、被虐待，通常每一樣都免不了會經歷一些。為了不至於因此而活得淡漠、憤恨、染上癮頭或有強迫行為、情感麻木，或心腸變硬，就必須學會放下。

一個健康的人必須有抒解情緒、徹底放下傷痛的能力。人生就是不斷去愛、失去所愛、受傷害、放下傷痛、治癒自己，如此反覆上演。無論對人對事，甚至在追求夢想時，這些經歷都會反反覆覆，周而復始。

我們可以把本章介紹的五步驟治療法，透過下列練習題運用在自己身上。

練習1

席德．賽門博士的表達情緒練習

為了表達感受，可以採取下列三種做法：

1. 寫一封信給曾經傷害你的人（但是千萬不要寄出或給對方看），清楚寫出事發當初的種種細節，當時你的感受，之後此事對你造成的影響，以及現在你打算如何放下那些負面的感受。
2. 從曾經傷害你的人的角度寫一封信，告訴自己該如何將心比心，以抒解對方為你帶來的痛苦。
3. 寫出十種造成對方有今日這種性格的可能因素。

練習2

情感昇華

此練習的目標是為了幫你找到把情感能量往正向疏導的方法。請回答下列問題，以找出你最好能去做的一些事情，幫助你抒發感情。

1. 你最關心哪個社會議題？你想得最多也談得最多的社會議題是什麼？
2. 你居住的社區裡是否有你所關心議題的相關社團，或許你每週能抽空去做幾小時志工？

如果找不到這種社團或相關事務，可以採行下列做法：

1. 寫出五種全世界你最關心的問題（例如文盲、全球暖化等）。
2. 上網打出你關心的問題、你居住的城市名稱或地區。
3. 針對你關心的每個議題，上網在你居住的地區各找出五個可能擔任志工的相關組織。

4. 把上列在網路上查到的資料排出優先順序，然後找出最適合的組織去擔任志工。

練習 3

引導想像

找個安靜的地方、舒適的位置，可以坐著或躺著。如果你在此療程中打瞌睡，不需壓抑這個衝動，否則反而會造成更大的壓力。如果你分心了，也不用抗拒外界的刺激。注意一下讓你分心的事物，再回來繼續做練習。

把注意力放在呼吸上。做幾個深呼吸以擴展腹腔。每個深呼吸的時間稍微拉長一點，再放鬆下來。多練習幾次就會覺得容易多了。

想想眼前的一些處境、難題或麻煩事，然後換個觀點再思考一下，不妨想像自己在用不同的做法、較正向的態度來處理這些事情。

觀察一個人的行為就能瞭解這個人，觀察自己的反應也能瞭解自己是怎樣的人。所以，要做積極正向的思考，才會產生最理想的成果。

練習4

練習能改變你的思考方式

為了幫助你改變思考方式以抒解痛苦的情緒，所以要練習換一種方式思考。

舉個簡單的例子來說明：你把老婆最喜歡吃的點心放在店裡忘了帶回家，所以她對你大發雷霆。你原本的反應是：「我好笨，又不懂得體貼，她大概撐不到年底就要跟我離婚了。」現在不妨改變一下思考方式，在以下空格內寫出三種跟原來不同的反應。例如：「我也是人，所以會犯錯。通常我的考慮都還滿周到的，我相信下次她要我做什麼，我不會再忘記了。」

試著把改變思考的練習運用在令你難過的重大傷心事上，因為這件事發生時的情形讓你感到非常自責。也許是離婚，或是與手足雙親失和等。請在下列空格內先寫下一直讓你忘不了的最初負面想法，再以積極的態度重新寫出正向的想法：

Chapter 11

善用本書提出的十種真相

讀者閱讀到這一章，也許正想努力消化前十章所介紹的十種真相，並設法融會貫通，加以運用。由於需要思索的事情很多，你可能覺得很難把所有的做法都貫徹實施。關鍵是要多練習。

如果你能把所有的真相都列出來，隨時帶在身上，不時複習一下，那些觀念就會慢慢融入你的意識中，就能很自然地運用在生活上。一段時間後，這些新觀念就會融入你處理日常生活的想法和做法之中。例如，如果你懷疑自己為什麼會和某個不合適的對象約會，這時你就會發現，你又容許自己和一個徒有魅力的壞蛋在一起了，但這個人終究是會傷害你的。要是你夠明智，願意採用本書所提出的觀念，就不會容許自己與那種類型的人更進一步。

然而難就難在這裡，大多數人都不會一夕之間放棄不適合自己的人，而去和適合的對象交往。所以練習非常重要。你不僅需要多理解本書所提出的真相，還必須在各種情況下實際去做練習。假以時日，這些觀念才能內化成你的一部分，才能自然地運用並處理各種問題。為了協助你達到內化的目的，本章將提供一個「實習」的機會，也就是以本章所提出的範本來做練習。

接下來將帶領你體會三種不同的情境，以熟悉實際運用各種觀念的方法。不像前幾章會把練習題放在一章的最後面，本章則會在整個內文中作各種練習的整合。醫學院奉行的是「先觀察，後實行，再教導」，本章的做法則略有延伸調整：第一部分會要求讀者觀察並思考艾德華的例子；第二部分要求讀者在看了勞瑞的例子之後，再利用十種觀念去解決問題；第三部分才是「教導」，也就是把所學到的各真相轉而運用在自己個人的實際經歷上。

你的挑戰：分析該如何妥善運用

艾德華是個四十二歲的歷史老師，妻子是英語老師，兩人有個七歲大的女兒。他總是無法克制地懷疑老婆與校內一名十九歲職員有不尋常的婚外情。更不堪的是，艾德華甚至侵犯了老婆的私人領域，偷看她的電子郵件和手機紀錄。他從來沒有發現任何可疑之處，也知道自己的偷窺是錯誤的行為，明知妻子並沒有外遇，卻仍忍不住憂心忡忡。他毫無根據的指控與質疑簡直快把自己和老婆都逼瘋了，更深深危及了兩人的婚姻關係。

艾德華是個獨子，與母親很親近，跟父親的關係雖不太親密，但也很融洽。他求學時是個好學生，在校內也交了幾個好友，只不過他並不是什麼大眾情人，女人緣並不好。二十二歲時交過一個女友，後來她居然與他的一個朋友上了床，真是糟透了。在成長過程中，艾德華從不曾與任何人發生衝突，所以他自認有相當的社交能力，也有不錯的學術才能。艾德華十四歲時，母親離開了父親，也想把他一起帶走；艾德華卻不希望只留下父親孤獨一人，所以不肯離開父親。大學時他成績不錯，後來遇到了同為教育系的妻子。畢業後三個月他們倆就步入禮堂，而且在同一所學校謀得教職。幾年後，他們有了女兒，這時艾德華一切安好。

然而，女兒出生後，艾德華卻遭遇兩次極令人煩惱的大事。第一次是女兒罹患了嚴重的水痘，讓他焦慮不堪。好在病情雖重，女兒仍徹底康復了。第二回是醫生診斷出他腦部有腫瘤。不過這回仍很幸運，腦瘤並沒有危及性命，因為檢驗的結果是良性的。在這兩次事件中，艾德華對可能危及性命的病況都感到極度痛苦，已不是虛驚一場可以比擬。

現在看看艾德華處理人生大事時，本書的十大真相能發揮什麼樣的作用。

真相＃1：情緒並不神祕，辨識它、瞭解它，是心靈健康的第一步

此觀念讓艾德華認清自己的感受不是沒道理的。換言之，他瞭解自己的焦慮感並不是本身的處境、妻子的行為或十九歲的同事所引起；相反的，他對妻子與那位年輕男人之間關係的認知，才是引發焦慮的真兇。即使沒有任何證據證明有不軌行為，他還是感受得到威脅性。仔細想來，艾德華瞭解是因為他對妻子的愛加上可疑的情況，才導致自己焦慮不

安。只要他能承認焦慮感是因自己而起，與無辜的他人無關，他的焦慮感就不再顯得那麼怪異或可怕，而能看出焦慮感其實與自己的個性及對事情的看法有關。

真相＃2：改變想法並瞭解自身感受，就能擺脫強迫行為

有了這個觀念，艾德華就能瞭解，只要能改變想法和態度，就能擺脫自己不斷監視並調查老婆行蹤的強迫行為。他也會明白這種強迫行為背後隱含的目的，其實是想保護自己免於受到傷害，並讓自己覺得能掌控老婆和年輕同事之間的關係。但焦慮感後來一發不可收拾，對他自己和老婆都造成了很實際的後遺症。

一旦認知到必須控制自己的強迫行為，就必須改變想法和感受，於是他開始探索不同的做法以達到目的：亦即透過感覺運動系統（sensorimotor system）改變自己的生化反應，也要在認知方面做些改變。但是艾德華不希望服藥，也不喜歡透過運動來調整感受，所以選擇向心理治療師坦露心事，最後正如艾德華所說的：「終於鬆了一口氣。」

真相＃3：每種行為背後都有某種意義，只是我們意想不到

艾德華透過這個觀念而認知到自己的強迫行為帶有潛藏的動機。艾德華對自己憂心忡忡的那些自毀行為反省得愈多，愈能清楚瞭解那些行為的根源。之前他曾遇到兩件大事，一件是女兒生病，另一件是自己生病，當時他是用憂心忡忡的方式來控制危急情況，最後兩件事都沒有大礙而順利解決。事實上，他承認當時自己的憂慮似乎帶來了理想的結果。當他發現焦慮是一種有神奇效果的思慮狀態時，終於意識到自己把焦慮感當成了抗拒不幸遭遇的護身符。

真相＃4：除非能破除心理障礙，否則只會傷害自己

艾德華是利用自己的心理障礙來保護自己，以減輕失去親人的恐懼，尤其是失去重要親屬的恐懼。他領悟到的是，自從十幾歲時母親離開他，以及二十二歲時女友背叛他之後，他就非常在意也非常害怕被人遺棄。所以他才會那麼害怕女兒可能因病逝而離開他，也擔心妻子會因外遇而遺棄他。他的強烈恐懼感是一種下意識的反應，自己並不自覺。為了避免直接面對恐懼感，他才創造了一種憂慮的自毀機制來折磨自己和老婆。

真相#5：行為需要認可，所以我們的行為是經過自己認可的

艾德華容許自己以幾種方式處理人生大事。在母親離開時，他不讓自己遺棄父親。他也不容許自己與母親重建親密關係。母子仍有來往，但他始終與母親保持某種距離。因為他不打算讓自己原諒母親遺棄他的行為。

到最後，艾德華甚至不容許自己相信別人會愛他並與他長相廝守。相反的，他容許自己憂慮得抓狂，不斷質問老婆，在老婆背後窺探行蹤。一旦意識到自己的這些心理狀態，艾德華就覺得很尷尬，很難接受自己過去的所作所為。

真相#6：用心經營有限的情緒能量，不浪費在期望、憂慮和抱怨上

艾德華在幻想妻子與同事的浪漫邂逅上，浪費了不少情緒能量，此真相卻改變了他的想法。雖然他已逐漸意識到自己的憂慮是不必要的，但浪費情緒能量的觀念對他來說仍是一記當頭棒喝。他非常瞭解長期處於痛苦狀態是多麼耗損精力，讓他幾乎再也沒有力氣處理人生中其他事情。

真相＃７：想維持人際關係，端賴增進自我力量而非強化他人惡行

艾德華終於覺悟到一點，那就是長久以來他一直想控制老婆，但在背後刺探她只會耗損自己的力量，使得恐懼感成了他人生中最強烈的一股力量。藉由此觀念的啟發，艾德華體會到他必須增進自己的力量，而非強化他人的惡行。於是他採行了本書第七章中所介紹的四步驟，進行增進自我力量的練習：

步驟１：向對方適度表達自己的感受：「我很怕失去你，因為我知道你對我非常重要。我愛你，所以我在夫妻關係上付出了最多的心力。我希望我們能長相廝守，至死不渝，就像結婚時對彼此的承諾一樣。」

步驟２：向對方提出明確要求：「請對我倆的感情忠實不渝，我對你也會一樣。」

步驟３：設下自我界線。「我決定再也不試圖控制你、監視你或質問你，可是我不會容忍不忠實的夫妻關係。如果你出軌，我就會離開你。」

步驟４：要適度地關心自己。「我知道我不能控制你的行為，所以我會照顧好自己。如果你有出軌跡象，我會在適當的時候適度地做出反應。」

要記住，艾德華在上面四步驟中所做的陳述，只是針對他自己的需求；他沒有告訴其他人，也不需要為了有效治癒自己的心理障礙而告訴任何人。

真相＃8：設下自我界線，就能防禦他人的排斥、侮辱與恐嚇

這個觀念讓艾德華看清：母親和女友的行為為什麼會對他造成如此深的傷害，其實他必須設下自我界線，以免因別人的行為而受傷。他終於明白，當年母親離開父親完全是因為她需要離開丈夫，而不是想傷害兒子。他也終於認清，曾經背叛他的那位女友其實是個非常需要外界認可和關注的女性。她的做法反映了她本身的價值觀，與他並沒有多大關係。

最重要的是，他終於頓悟自己必須設下自我界線，以免別人的行為——或想像中別人可能會有的行為——會傷害到自己。如果妻子出軌，這種行為反映了她的狀態，與自己無關。這種想法讓艾德華有安全感，讓他不再對老婆的行為胡思亂想而自亂陣腳。

真相＃9：放手讓別人做他自己，而不必成為你所期望的模樣

從某種角度來說，此觀念對艾德華來說最為關鍵，讓他明白自己應該相信妻子對他會忠實，畢竟她是個忠貞又有愛心的人，這種特質讓她幾乎不可能做出他想像中會發生的行為。更要緊的是，不管老婆會有怎樣的決定和行為，他都打算相信自己能以優雅而有尊嚴的方式來處理。他決定要相信上帝、妻子與自己的力量，而不要誤以為憂慮具有神奇的保護效果，這樣他才能恢復認識老婆的年輕同事之前的心靈平靜。畢竟，他長久以來的恐懼感是沒有根據的，究其根源，其實是早年母親和女友背離他而引起的心病。

真相＃10：時間不能治癒所有創傷，必須自己學會放下

艾德華知道自己以往太執著了，所以無法治癒心病並獲得心靈平靜。首先，他一直忿忿不平，尤其對母親和前女友記恨在心，使他後來跟任何人都無法建立親密關係，包括他妻子在內。艾德華必須原諒母親在二十幾年前離開了他，也必須徹底放下人生中自己很難掌控的一些事情，像是妻子的行為或女兒的健康等。

沒錯，艾德華能為自己和家人的幸福做出正確而理性的決定，但這並不保證大家因此

就能活得長壽美滿。艾德華能認同人必須徹底放下執著，即使這種新體悟讓他一時之間必須承認自己很渺小，無法掌控己力所不能及的事物，所以感到有點脆弱。

艾德華寫了一封給母親的信以宣洩憤怒，之後就開始思考是否要開始改善與母親的關係。他決定放下怒氣但仍與她保持以往的距離。但他很想增進自己與妻女的關係，做法是把以往用來擔憂她們的力氣改為在家多陪伴她們，並且要表現得更體貼更大方。

讀者練習：用十個真相幫助羅莉

羅莉是個三十六歲的企業主管，婚姻幸福，是兩個不到十歲孩子的好母親。雖然她在私生活和專業工作上都很成功，但卻為了某些事情而苦惱不堪。

雖然她在職場上頗有成就，卻經常質疑自己。唸高中時她是全校前五名畢業，可是她對自己還是不滿意。談起她的人生時，她承認母親一向過於干預她的生活、大小決定、人際關係，甚至教養子女的方式。因此羅莉總是想得到母親的認同。同樣的，雖然她逼迫自己在學校和工作上都力爭上游，但母親好批評的個性卻總是讓她對自己感到既失望又氣餒。長久以來母親一直有酗酒問題，對她也施以嚴厲的體罰，還把家中很多事都怪罪在她頭上。每當表達自己的意見時，母親不是反彈就是小題大作。

最近羅莉被自己的一些負面念頭搞得筋疲力盡，不僅妨礙了工作，還經常失眠。她常對母親發脾氣，對孩子也愈來愈沒耐性，尤其不能忍受小孩跟她頂嘴。羅莉努力克制自己，以喝酒的方式來紓解情緒，也想揮去與一位男同事搞外遇的遐想，雖然近來她已經在挑逗對方，企圖引起那位同事的關注和認同。

現在讀者可以試著用前面提到的十個觀念來幫助羅莉，以處理她的缺乏自信、易怒、酗酒、有可能出軌等問題。回想一下上述十個真相的內容，然後在下列問題引導下，試想如果你是羅莉，可能會問自己哪些問題或有哪些想法。

真相＃1：情緒並不神祕，辨識它、瞭解它，是心靈健康的第一步

- 為什麼最近你容易對孩子動怒？難道他們突然變得比以前不乖，還是你在為別的事情生氣？
- 成長過程中最令你憤怒的事情是什麼？是不是某些情境仍會勾起你的怒火？
- 你在母親和孩子的行為中看出了哪些共同點，才會讓你這麼生氣？他們是否說了哪些話或做了哪些事情，才會讓你覺得自己無法做主，或又遭受到他們批評？
- 你的負面反應是否多半反映了自己的狀態，並非完全由孩子所引起？

真相＃2：改變想法並瞭解自身感受，就能擺脫強迫行為

- 你的人生這麼有成就，究竟是什麼因素讓你變得猶豫不決又缺乏自信？
- 當你難以作出決定時，腦袋裡都縈繞著哪些念頭？進一步開始分析那些念頭時，它們真的值得考慮嗎？還是只反映出你長久以來一直在下意識裡跟自己叨唸不休的一些念頭和事情？
- 在上述狀況下，你該如何改變思緒，去思考一些比較實際的觀點？
- 當心裡開始出現負面的自我對話時，你可曾想過要用理智的方式掌控心念，也就是改用有實際根據的正向念頭來思考？

真相＃3：每種行為背後都有某種意義，只是我們意想不到

- 什麼事情讓你最近更想喝酒了？
- 為什麼長久以來你一直缺乏決斷力？
- 什麼因素讓你容易對家人動怒？
- 對於自己的飲酒、無決斷力以及易動怒等毛病，你可曾想過有某種共同因素足以解

釋其根源？

真相＃4：除非能破除心理障礙，否則只會傷害自己

- 為什麼你寧願冒著危害婚姻的危險，也要與同事發生外遇？
- 你想與同事發生外遇，真的是因為「他比老公更像是你命中注定的真愛」嗎？或只是你因為其他原因而身不由己的一種渴望而已？
- 有沒有可能你只是想藉由外遇讓人生不那麼圓滿，並給生活帶來更多麻煩？

真相＃5：行為需要認可，所以我們的行為是經過自己認可的

- 在成長過程中，你母親常用什麼方式影響你的情緒？你會任由她批評反對你，讓你覺得自己很差勁嗎？你會任由她左右你的情緒嗎？
- 成年之後，你會容許自己飲酒過量嗎？你曾試過不容許自己每晚喝酒不超過一杯嗎？
- 你容許自己背著另一半劈腿嗎？你曾告訴自己就算外遇也沒有什麼關係嗎？

真相#6：用心經營有限的情緒能量，不浪費在期望、憂慮和抱怨上

- 因為不斷憂慮而夜晚失眠，第二天你會覺得心力交瘁嗎？這樣隔天是否就很難達到工作成果？
- 一旦開始成天憂心忡忡，不斷想著負面事情，你是否就能與丈夫和孩子建立更深刻的關係了？
- 你是否覺得自己耗費了大量情緒能量在幻想與同事的浪漫感情上？你在這件事上花費的時間和能量，是否多於想與老公共處？

真相#7：想維持人際關係，端賴增進自我力量而非強化他人惡行

- 你在母親身上花費的心思是否比花費在自己身上的還多？多了百分之十？百分之二十五？還是更多？
- 你最想掌控的人是誰？面對老公、小孩、母親和同事，你會用什麼方法試圖改變對方，以使他們成為你希望的模樣？
- 你是否能成功地控制並改變別人？

真相#8：設下自我界線，就能防禦他人的排斥、侮辱與恐嚇

- 小時候你曾為了保護自己而不肯接受母親的指責嗎？現在你是怎樣保護自己？
- 如果有人對你的工作有負面批評，或是你的小孩、配偶做了某件讓你火大的事情，你能否做到根本不理會他們，並認清那些意見和行為都只反映了他們本身的想法，其實與你並沒有多大關係？
- 你曾經設下自我界線，以保護自己不受別人言行的影響嗎？如果你打算設下自我界線，那麼是想避免受誰的傷害呢？

真相#9：放手讓別人做他自己，而不必成為你所期望的模樣

- 你一直希望母親能少責罵你、折磨你嗎？你一直認為經過這麼多年之後，總有一天她終究能更瞭解你的為人嗎？
- 你一直希望老公能變得更有衝勁、更有決斷力嗎？你一直希望精力旺盛的好動兒子能變成一個安靜、禮貌又用功的學生嗎？

真相#10：時間不能治癒所有創傷，必須自己學會放下

- 過去你是否有一些創傷事件或一再重蹈覆轍的負面行為，至今仍困擾著你？你是否仍經常想起母親百般挑剔的態度，以及在你幼年時離家出走的行為？你對母親的做法和態度是否感觸良多，卻一直把種種感受壓抑在心裡？
- 你是否曾努力回顧上述往事，並把自己的感受向配偶、好友或心理治療師傾訴？
- 你是否對這些往事感受極深，甚至一想起來就反應激烈，甚至潸然淚下？
- 你曾經試著放下這種非常傷人的感受，並努力原諒母親的種種行為嗎？
- 你對母親的看法已經改變了嗎？你不再責怪母親把你搞成現在的樣子嗎？你決心以比較健康的情感與母親重修舊好嗎？

發現我的十大真相

現在只需把你從本書中所學到的知識做個整合，然後運用在生活中所有重要的問題上。這不是易事，但也並不特別困難，只要能掌握住竅門即可。

掌握竅門的關鍵，就是對上述十個真相瞭若指掌，只要生活中用得上，隨處都能運用

自如。本書每章末尾所設計的練習題，就是想幫助你學習如何運用。

下面是本書所介紹的最後練習法，可做為你學習十個真相的妙方。

真相#1：找出平時沒有特別原因就讓你感到很難過的某種情緒，像是傷感、羞慚等。把這種情緒寫下來，並描述它的狀態，再分列五到十種可能引發此情緒的事情，也許是某種特定情況（例如某個親友對你的態度非常粗暴），也可能只是一般情況（例如因為缺乏獨處時間而產生沒來由的挫折感）。找出這些原因後，才能開始追究這些情緒的根源。

真相#2：注意那些會引起自己某種強迫行為的念頭和感受，然後設法找出改變的方法。寫下醒悟「之前」和「之後」的想法和感受，以及現在你打算怎麼做以求改變。把前後的想法和感受做個對照，你才會很清楚之前的心念狀態會強化你的某種強迫行為，改變之後就能徹底戒除那種強迫行為。

真相#3：分析一下自己最搞不懂的行為：一種似乎很負面卻一再重蹈覆轍的行為。試著發掘一下究竟自己能從這種行為中得到什麼好處。它只是一種讓你覺得好過的習慣嗎？還是你想要反叛的一種表徵？不要從表面的原因來分析它，至少要深入挖掘三個層面。例如，第一個層面：我抽菸是因為抽菸讓我很舒服；第二個層面：我覺得舒服是因為抽菸能讓我放鬆，擺脫焦慮感；第三個層面：我覺得不那麼焦慮是因為抽菸讓我覺得自己很酷又有自信，通常我是沒有辦法有這種感受的。

真相＃4：用語言詮釋一下自己內心的負面力量，描述何時這種負面力量可能浮現，並讓你做出會損及自身利益的行為；它會促使你說出哪些負面的話、做出哪些負面的事；你會怎樣把這種行為合理化；你會希望這種心理障礙帶來什麼後果。回想一下你內心為了某種目的而常出現的一些負面話語；分析一下這種負面聲音究竟想保護你避開什麼樣的傷害。

真相＃5：列出可能為自己帶來負面後果的負面行為，其範圍包括兩性關係、家庭、工作、上癮的癖好等。必須清楚準確地說明這些項目，例如：「我容許自己責罵老婆」，或是「我容許自己酒後駕車」。清楚描繪自己在內心評斷別人、為自己的行為找理由、杜撰理性根據、尋找種種託詞等，正是這些因素，自己才會去做不恰當或破壞性的行為。

真相＃6：把自己的情緒能量改用在正途。找個適當的日子，隨身帶個小筆記本，每當發現自己又有不實的期待、又在憂慮無法掌控的事情，或是又在因為某事而怨天尤人，就把這些事情詳細記錄下來，以不斷提醒自己不要再做無謂的期望、憂慮或抱怨，而要把情緒能量用在經營真正熱愛的人與事上，像是配偶、家庭、工作等。與其抱怨自己無力掌控的事情，不如去追求自己的理想，為自己的行為負責，成為別人的好榜樣，把標準拉高並全力以赴。

真相#7：找出此生中對你的情緒有最不利影響的人，並努力擺脫此人對你的負面影響。每天一再叮嚀自己：「我絕對不該、不能、也不會再任由某人來決定我是快樂、悲傷或抓狂。」要記住，自己的幸福不能徒然寄託在不可仰賴的人身上，也不要期望別人能改變他一貫的行為模式。

真相#8：為自己設下自我界線——要實際去做。拿出一張紙，在上面寫下「我」字，然後在字的外圍畫一些線，把平時別人反對、侮辱、威脅你的情況寫在線的外面。例如：「某人嘲笑我的長相」或「老闆威脅要讓我的考績很難看」。這條線的作用是提醒你：別人的行為反映了他們的價值觀和個性，與我無關。

真相#9：如果生命中的某人經常讓你感到失望，就該調整對他的期望。正確的期望應該以此人過去的行為模式為基準。你應該認清人的行為多半是過去做法的延續，對方過去的行為特徵和習慣是怎樣的，未來大概也如此。

真相#10：找個可信賴的朋友或心理治療師，幫助自己完成下列五個放下傷痛的步驟：回顧過去的創傷經驗、重新感受當時的痛苦、把痛苦抒發出來、徹底放下傷痛、改變思考模式。別再消極等待時間來解決一切問題，要採取實際行動以追求自己情緒的健康。

真相傷人，卻是良藥

不僅時間無法治癒所有傷痛，上述十個真相也不是什麼萬靈丹。它們不會透過簡單的十個步驟就神奇地自動治癒你的癮頭、一夕之間讓你走出陰霾，或讓你立刻從失敗邁向成功。但這些重要觀念卻能讓你真正瞭解自己，並在人生各方面為你帶來漸進但驚人的進步。

瞭解心理運作方式是很重要的。如果明白自己為什麼會有那樣的想法、感受和行為，就能對自己有更深的認識，進而也更能掌控自我。人心就像構造精密的工具；你愈瞭解它的功能和弱點，就愈能善用它。

本書的目的就是要幫助讀者善用心靈。作者身為心理學家，很清楚患者通常並不瞭解自己的心理問題或潛能，所以才會讓自己陷入困境，也不知道該如何運用心靈力量來避開麻煩或掌握機會。不過經過長期的心理治療之後，通常大家就能更瞭解自己，也能擁有更豐富而有意義的人生。

本書雖不能替代心理治療，但對於很多心理問題並不十分嚴重的人而言，本書卻非常管用。

一旦學會如何運用本書介紹的十個真相，就如同擁有一幅心靈地圖，讓我們能隨時掌握人生方向，處理大多數的人生難題，擁有足以應付挑戰的專業知識。

因此，在你闔上此書邁入現實世界之後，我們願提供讀者最後一項忠告：讓本書的十個真相成為你的人生指南。

國家圖書館出版品預行編目(CIP)資料

心靈療癒自助手冊：心理學家教你看穿情緒,找回幸福人生 / 克里斯多夫.柯特曼(Christopher Cortman), 哈洛.辛尼斯基(Harold Shinitzky)著；黃孝如譯. -- 第一版. -- 臺北市：遠見天下文化, 2014.01
面； 公分. -- (心理勵志；BP342)
譯自：Your mind : an owner's manual for a better life
ISBN 978-986-320-379-7(平裝)

1.心理治療 2.情緒管理

178.8　　102027867

心理勵志 BBP342A

心靈療癒自助手冊

心理學家教你看穿情緒，找回幸福人生

Your Mind: An Owner's Manual for a Better Life

作　者 — 克里斯多夫・柯特曼（Dr. Christopher Cortman）、
哈洛・辛尼斯基（Dr. Harold Shinitzky）著
譯　者 — 黃孝如

總編輯 — 吳佩穎
責任編輯 — 陳孟君
封面暨內頁設計 — 周家瑤

出版者 — 遠見天下文化出版股份有限公司
創辦人 — 高希均、王力行
遠見・天下文化 事業群董事長 — 高希均
事業群發行人／CEO — 王力行
天下文化社長 — 林天來
天下文化總經理 — 林芳燕
國際事務開發部兼版權中心總監 — 潘欣
法律顧問 — 理律法律事務所陳長文律師
著作權顧問 — 魏啟翔律師
社址 — 台北市 104 松江路 93 巷 1 號 2 樓
讀者服務專線 —（02）2662-0012
傳　真 —（02）2662-0007；2662-0009
電子信箱 — cwpc@cwgv.com.tw
直接郵撥帳號 — 1326703-6 號　遠見天下文化出版股份有限公司

電腦排版 — 立全電腦印前排版有限公司
製版廠 — 東豪印刷事業有限公司
印刷廠 — 柏晧彩色印刷有限公司
裝訂廠 — 精益裝訂股份有限公司
登記證 — 局版台業字第 2517 號
總經銷 — 大和書報圖書股份有限公司　電話／(02)8990-2588
出版日期 — 2022 年 3 月 8 日第二版第 2 次印行

定價 — NT$400
精裝版 EAN：4713510942543
英文版 ISBN：978-1601630803
書號：BBP342A
天下文化官網　bookzone.cwgv.com.tw

天下文化
BELIEVE IN READING